為愛徬徨的勇氣

阿德勒的幸福方法論

岸見一郎 著　葉小燕 譯

前言

愛，需要努力

人人都對愛感興趣

研究心理學與哲學的同時，我也長期為年輕的護理科系學生講授心理學課程。我很清楚，當學生終於要以護理師身分開始工作時，與患者之間就不用說了，與同事或上司建立良好關係也是非常重要的，因此我對心理學中有關人際關係的部分說明得特別仔細。

課程教學並非由我單方面進行。因為我希望先了解學生的疑問或感興趣的內容，再根據這些主題來上課，所以會在講臺上放一只罐子，讓學生在上課前先將寫了問題的紙片投進去，再就最多人提問的部分開始回答與授課。

儘管問題從「我覺得自己並不適合當護理師，怎麼辦？」「實習的時候該注意些什麼事？」這類護理系學生會有的疑問，到有關「性格」或「朋友關係」等等，十分多元而分散，但每次一定會有關於「戀愛」的提問。就比例上來說，大概有一半以上是「戀愛諮商」。

戀愛是一種人際關係，且與其他人際關係並無不同。我認為，要是可以藉由思考戀愛問題，進而學習到如何建立與患者之間的關係也不錯。所以即使是這類問題，也盡可能說明得謹慎周全。

每當我回答問題時，總是會想起下面這段關於奧地利精神科醫師暨心理學家——阿爾弗雷德．阿德勒的小插曲。

阿德勒晚年時，將活動據點移往美國。一開始雖然幾乎沒什麼工作，但沒多久就發展成一天要演講好幾場的情況。阿德勒曾說到，演講中最常接受的提問就是戀愛諮商。當時的阿德勒已過六十歲，但對他提出戀愛相關問題的人竟然還那麼多，或許我們可以想像，那是因為阿德勒本人與現存照片中的形象不同，說話時總是面帶笑容、和藹可親的緣故。如果阿德勒是個板著臉的可怕老先生，應該沒有人想問他有關戀愛的問題吧。

回答學生疑問的我，看起來應該也不嚴肅吧。甚至還有學生會丟出那種「老師應該答不出來」的難題，像是「怎麼做才能與男友分手？」之類的問題。不過，大家提出的問題都非常誠摯，所以我還是會認真仔細地回答。

從事心理諮商時，一樣有人會找我商量戀愛方面的問題。有一天，我鉅細靡遺地說明了有關戀愛的事情。話才說完，年輕人就表示：

「您在人生戰場上真是千錘百鍊吶——」

年輕人突如其來的這句話讓我心頭一震。換言之，自己剛才那段解說，寫實到讓對方覺得我身經百戰。關於戀愛，只用一般的論點去探究根本是白費工夫，如果內容不夠具體，實在難以理解那到底是什麼東西。而本書，也打算盡可能具體思考關於戀愛這回事。

很少有書論及幸福的愛與婚姻

戀愛受挫時，如果有好朋友，就可以找對方商量；或是讀讀以戀愛為主題的書、看看電視電影，試圖從中理出頭緒，讓自己擺脫眼前所面臨的問題或不幸。

學生找我討論也是一樣的意思。

阿德勒曾這麼說過：

> 哪裡有書可以教導我們為愛與婚姻做好準備？談論愛與婚姻的書確實很多，不論哪種文學，都會寫出愛情故事，但是幾乎見不到論及幸福婚姻的書。（《自卑與生活》）

的確，正如阿德勒所指出的，只要看看電視電影、讀讀小說，就會發現：它們幾乎都是在「描述處於困境的男女」。

那麼，市場上為何盡是那樣的作品？

不幸的愛情故事為何受歡迎？

阿德勒是這麼說的：

不幸的愛情故事之所以那麼多，很可能是因為讀者為了利用它們而形成需求。（《人為何罹患精神官能症》）

讀者為了「利用」它們？這到底是什麼意思？

社會上，有些人試圖閃避戀愛或婚姻。

如果戀愛完全不費吹灰之力，也絕對不會歷經失戀這種慘痛經驗的話，就沒有道理非要閃躲戀愛或婚姻不可。

反過來說，如果戀愛是艱難的，自己的心意怎麼也無法傳達給對方的話，就算有人打定主意絕不談戀愛，也一點都不奇怪。因為只要不表明自己的心意、打從一開始就不要愛上任何人，便不必經歷失戀這樣的痛苦。

可是，不能無緣無故地避談愛情，必須找個理由好將這件事正當化；於是有些人挖苦諷刺，說「愛就是這麼回事嘛」。這些人抱持嘲諷的態度，認為喜歡一個人是件羞恥難為情的事。

這樣的人，可能是因為過去曾遭遇失戀之類的痛苦，為避免將來再受同樣的傷害，便試圖遠離愛情。再加上不願承認戀愛之所以不順利，或許是因為自己也有什麼問題，才不得不把戀愛本身說得毫無價值。

那麼說的人，有如《伊索寓言》中的狐狸。餓著肚子的狐狸見到垂掛在棚架上的一串串葡萄，便想摘來吃，但葡萄的位置太高，狐狸搆不著。最後狐狸決定放棄，離去之際還喃喃說著：「那葡萄還沒熟呢。」

不幸的愛情故事也是為了同樣的目的。阿德勒所謂「讀者『利用』不幸的愛情故事」，意思就是利用它，將個人對愛情或婚姻的消極態度正當化。

那樣的人偏好不幸的愛情故事。為了逃避戀愛，必須視戀愛為難事。不是因為戀愛實際上困難重重，才試圖閃躲；而是為了逃避戀愛，非得視它為難事不可。為了讓自己下定決心不去愛人，才讓幸福的愛情故事派不上用場。

灰姑娘般的愛情

當然有些書籍、電影或戲劇是happy ending。要是讀過或看過有著完美結局的故事，說不定也會想和某人談談戀愛。只不過，實際上就算遇見喜歡的人，也真的談起戀愛，卻不會像書中或劇情那樣發展，或許還會讓你因為現實與故事之間的落差而感到失望。

但如果是與現實相去甚遠的灰姑娘故事，就另當別論了。應該有人很嚮往這種情節吧，而那樣的故事之所以受歡迎，原因其實和不幸的愛情故事相同。故事中所描繪的男女主角都是理想化的，由於他們所編織的愛情與現實落差太大，便成為「將現實生活中遇見的人，從戀愛或結婚對象名單中剔除」的手段，並因此而大受歡迎。換言之，要達到目的，只須編造出「浪漫而理想化，或無法到手的愛」就可以了。（《自卑與超越》）

給苦戀中的你

前面曾提到「戀愛是人際關係」，再看看學生在上課前提出的疑問，就可以知道他們大多數視戀愛為「喜歡」這類情感上的問題。不過我會在一開始便說明，「喜歡」這種情感，不過是戀愛的起點。

即使心裡還覺得喜歡對方，不過一旦吵了架，或者雖然還不到吵架的地步，卻已經出現無法順利溝通、不太明白對方感受、自己的想法難以傳達給對方等類似情況時，兩人之間的愛情其實已經不存在了。

戀愛，並不是向喜歡的對象告白後，了解到對方喜歡自己就如同自己喜歡他一樣，就能功德圓滿。

就算確認過彼此心意，也開始交往，一旦在想法或感受上有出入，或是其中一方，甚至是雙方都將注意力轉向他人時，最初那般熾熱的情感將急速冷卻下來。交往之初，兩人光是待在一起就足以感到幸福，但雙方關係發展不如預期時，心中不滿便會日益加深，此時，戀愛所帶來的與其說是喜樂，不如說是痛苦。

就某種意義而言，不曾在戀愛上受挫的人，想必不會拿起本書吧。此外，即使曾經受挫，卻依然保有自信的人，應該會覺得很快就有下一段戀情會來臨，這樣的人，應該也不會手持本書吧。

因此，本書所設定的讀者，除了曾在戀愛中遭遇痛苦的人、因過分害怕再次嘗到苦果而遠離戀愛的人，還有目前因為與戀愛或結婚對象的關係不佳而飽受煎熬的人。

幸福可在人際關係中獲得

那麼，試圖逃避戀愛為什麼會有問題？的確，戀愛不如人意的時候很多，常讓人感到傷痛。

但話說回來，不只是戀愛，任何人際關係都一樣麻煩又難搞。因為只要和某人產生關聯，就無法避免被討厭、遭到憎恨或受傷。簡單來說，只要是人際關係，就會產生摩擦。

阿德勒用「人類的煩惱，全都是人際關係的煩惱」這句話來表現人際關係的難度（《自卑與生活》）。曾因人際關係而苦惱的人，想必都會贊同這樣的說法。

但另一方面，人生中的喜悅或幸福，也只能透過人際關係獲得。明明早就碰過不知道多少釘子、心裡想著再也不要喜歡任何人了，過一陣子，卻又發現自己愛上某人。這是因為心中真正的想法，其實是「唯有在戀愛這般人際關係中，才能得到幸福」。如果因為失戀、打從心底認為戀愛很痛苦的話，應該再也不會喜歡上別人才對。

相信也有人認為，喜歡一個人與自己的意志無關，明知道會很辛苦，卻還是愛上。關於這樣的想法，後面會再詳細探究，這裡所要指出的是：並沒有「明知不會幸福，卻又喜歡上一個人」這種事。

舉例來說，之所以打算和交往很久的對象結婚，是因為確信如果是這個人的話，可以得到幸福；即使幾年後知道當時的決心是個錯誤也一樣。應該不會有人明知和這個人結婚一定會變得不幸，卻還打算要結婚吧？就算是有過慘痛經驗、決定不再愛上別人的人，相信也不是打從一開始便想著「我不要愛人」的吧？

總而言之，儘管結局有可能變得不幸，但愛上某人、想與對方結婚的時候，沒有任何人不希望得到幸福。既然如此，我們必須想想：究竟是哪個環節出了問題？

此外，應該也有人認為，關係進展不順利的問題，不在於戀愛本身，而是對方或自己。可是，如同接下來我們將看到的，這種說法只對了一半，另一半則是錯誤的。

因為問題不在於「愛上誰」，而是「如何愛人」；也就是重點在「愛的方法」，而不是「被愛的方法」。如果認為「只要有對象就能談戀愛」「現在只是還沒遇到適合的人選罷了」，那麼照理來說，遇到對象後，進展應該就會很順利才對；但相信凡是曾在愛情中有過慘痛經驗的人都知道，事情並沒有那麼簡單。

幸福的愛情故事

如果是阿德勒，那麼他應該會說：「雖說是幸福的愛情故事，但還是必須清楚點出問題所在。」正因為有許多人不了解這部分，於是儘管換了對象，還是不斷重蹈覆轍。

話雖如此，也不是了解問題在哪裡並排除後，一切就能順利進展。看起來，大多數人對於「怎樣的關係才合乎理想」並沒有想像，但如果心中缺乏相關的想像，即使眼前的問題排除了，還是會有其他問題出現，導致無法建立良好關係。

如果可以清楚想像出「怎樣的關係才能叫良好」，那麼即使從現狀來看，兩人的關係距離理想還很遙遠，仍可以努力去接近；同時，能付出那樣的努力，也正可做為兩人關係良好的明證。

本書首先要探究：你的戀愛為何不會帶來幸福？問題出在哪裡？其次，要看看有關結婚和孩子出生時會面臨的難題。接著，除了闡明所謂「愛人」是怎麼回事外，在最後還要具體思考對其他人付出愛的時候該怎麼做。

我們將會了解到，「愛」的問題並不在於對象；也就是說，相較於遇見誰、要愛誰，更需要思考的，其實是如何去愛。就這層意義而言，我認為這是技術的問題。因此，論述的時候，我並不打算只將心思放在男女之間的戀愛上。

大家都知道，我專攻的是古希臘哲學；但大家可能不知道，柏拉圖的《對話篇》中所論述的愛，指的是同性愛。由於「愛」的問題不在於對象，而是技術，也就是愛的方法，所以異性戀、同性戀這種依所愛對象而產生的區分，根本不是問題。

戀愛，並不是「只要有對象就行」那麼輕鬆簡單的事，即使邂逅了某人，還是有可能因交往不順利，以至於落得分手的結果。想要維繫關係，就需要努力；而且這樣的努力，是為了讓兩人關係融洽，也可說是為獲得喜悅而努力。

當然，戀愛並不是年輕人的特權。即使是長久以來生活在一起的伴侶，也千萬別讓戀愛成為僅出現過一次的插曲。除了年輕人，如果能讓每個年代的人都掌握到訣竅，讓雙方關係更勝於以往，我將感到無比開心。

前言　愛，需要努力

第1章　你的「戀愛」為什麼無法帶來幸福？

第4章　獲得幸福的「愛的技術」

結語

第1章

你的「戀愛」為什麼無法帶來幸福？

為何重蹈覆轍？

即使有了意中人，也無法表達情意；就算鼓起勇氣表白，依然盼不到對方傳來自己想要的回應；儘管已經開始交往，當初那種幸福感卻隨時間流逝而消失，就連想起對方都覺得痛苦。兩人的關係一天天變差，最後還是走上分手一途。

有過這樣的經驗後，便再也不願談戀愛；或是下次要再愛上誰的時候，變得徬徨遲疑起來。

有些人會吹噓自己因戀愛受盡苦楚，也有人會告訴自己：「愛情這東西，不過就是那麼回事。」

明明下定決心不再戀愛，一回過神來，才發現又有了喜歡的人，卻依然重複著「與對方發展不順利，於是分手」的循環。

本章要來看看：為何會重蹈覆轍？有了心上人，明明應該很幸福才對，為什麼得不到幸福？其中又有什麼樣的問題？

戀愛並不特別

光是喜歡上某個人，便感覺有如活在與昨天全然不同的世界裡。一旦開始與意中人交往，就算不久前才剛失戀，也會開心到覺得活著真是太棒了。

開始交往後，心裡只想著心上人，根本不顧工作或課業，和從前共享快樂時光的朋友之間也不像過去連絡得那麼密切，原本跟朋友共度的假期也變成了約會日。

只不過，姑且不論情侶兩人到底有多親密，戀愛與其他人際關係相比，並沒有特別不同之處；它與職場或朋友之間的關係，基本上是一樣的。也就是說，在愛情裡會出現的困難，基本上和其他人際關係會發生的問題相同。因此像是「有男／女友，沒朋友」（這裡並不是說沒有朋友不行），或是因為完全只想著心上人，對工作的熱忱不如以往之類的情況，本來就不該出現。

那麼，再談到是否任何關係都完全相同，倒也不盡然。雖然同是人際關係，但在距離與持續性這兩點上，戀愛的確不同於其他。為了好好思考戀愛這回事，先來看看工作與交友上的人際關係。

工作上的人際關係

不論任何工作，都不可能徹底排除人際關係。我不出門的時候，就會專心在家寫書或雜誌的稿件，期間幾乎不與人交談，只面對著電腦。即便如此，為了書籍的出版，還是得跟編輯或出版社人員見面商談。沒有光靠我一個人可以獨自完成的工作。

像這樣，在工作上儘管無法避開人際關係，還是會有覺得厭煩的時候。如果從事的是業務工作的話，那麼人際關係簡直就是主要工作內容了。

不過，只要離開工作現場，直到隔天上班為止，都可以暫時不管職場上的人際關係。現實中，雖然有人回家後還會因為想起白天的事而悶悶不樂，硬是把這些煩惱帶進私生活，不過一離開工作現場，就切斷工作上的往來，並不是不可能的，甚至可以說必須要切斷。英文的「private（私人的）」來自於拉丁文的

「privare」，意思是「奪取」。表示如果不奪取的話，就無法確保自己私人的時間。

對學生來說，讀書是他們的工作。去學校是為了讀書，所以在學校即使不與任何人來往也不成問題，更沒有必要為此被人說三道四的；就像補習班之類的地方是為了準備考試，根本沒有人是為了交朋友而去，是一樣的道理。

只是由於學校同學之間的關係親近，還有一些校內活動，所以會有人際關係上的連結。但這就和工作一樣，回到家便可以忘記。

與朋友的關係

雖然前面這樣說，但有時在工作場合或學校中的人際關係會成為某個開端，讓你開始與某人產生言語交流；久而久之，在學校或工作場所外，甚至離開學校、進入職場後，彼此的關係仍會繼續。同時，不限於工作或課業，也會談起個人私事。這樣的關係已不再是工作（求學）關係，而是朋友關係。

要嚴格區分工作與朋友關係是有難度的。原則上，職場裡的人際關係只和工作有關，所以沒有必要和工作夥伴變得親密；但一般來說不太會畫清界線、完全只談工作的事才對。話又說回來，如果職場裡重視整體感和群體意識更勝於工作成果時，不善交際說不定就會成為問題。

也許有人會反駁：「那些事本來就跟工作無關！」這樣的反駁，基本上也是正確的。只是話雖如此，職場上的人際關係往往會變得難以與朋友關係區分。

舉例來說，如果有這麼一個人，讓你很想與他共事，那麼，你們之間與其說是工作上的來往，更接近無拘無束的朋友關係，甚至直接說「就是」朋友也無不妥。

和這個讓你想一起工作的人所建立的關係，一旦跨越了工作範疇、成為朋友的話，這段關係便有了共同目標。說是互相注視著對方嘛，不如說是聚焦在兩人（依工作狀況而定，很多時候是兩人以上）前方的目標。

雖然不是所有的朋友關係都會擁有想實現的共同目標，卻可以將這一點視為人際往來應有的姿態。相反的，在愛情裡，有人認為只要能一起度過就好，並沒有什麼目標之類的東西。然而即使是戀愛關係，一旦「今後該如何」變成問題，就有可能因為目標不一致，使得關係岌岌可危。關於這部分，容後再述。

戀愛裡的人際關係

接下來，做為本書主題，戀愛或婚姻方面的人際關係，基本上是以朋友關係為基礎。如同前面所說，戀愛或婚姻中會發生的問題，原則上與其他人際往來會出現的問題相同。所以對那些無法建立朋友關係的人來說，戀愛或婚姻方面的人際也會是難題。

只是基礎雖然相同，但戀愛或婚姻關係比工作和朋友的人際往來還要親密，再加上要長期持續，難度又更高了。

如果是工作，只要離開職場，就可以重新歸零再開始；朋友的話，無論再怎麼親近，相信也不會每次見面都約好下次何時再見吧。

戀愛關係卻不一樣。有人認為，兩人必須無時無刻都在一起才行；也有人覺得，即使分開了，也非得保持密切聯繫不可。

只要在交往，就必須隨時近在咫尺的想法絕非理所當然——關於這一點，接下來就會探討；但關係並非一時半刻就能建立，而且的確較其他人際更為持續且深厚。也正因為如此，談戀愛時，不論是關係的建立或產生摩擦後要重修舊好都很難。

另一方面，有人因為害怕意見相左、鬧彆扭，所以連一步也不願意踏進戀愛關係；更有人一開始就打定主意，隨時準備好分道揚鑣，不深交也不當真。至於這種做法實際上是否可行，則又另當別論了。

戀愛是兩個人的課題

進一步來說，阿德勒認為戀愛關係之所以比其他關係困難，原因在於那是兩個人的課題。

關於如何獨自一人完成課題，或由多人完成課題，雖然我們都受過教導，但是要由兩個人共同進行的課題，卻什麼也沒學過。

一般認為，孩子在學校或家庭裡的言行舉止，應該由父母師長確實教導。但認為戀愛這種事既不必特別教，也沒必要學習的人，想必不在少數吧？也有人認為，戀愛是個人私事，所以關於戀愛的一切，都不是應該在學校裡學的事情。

宣稱戀愛屬於私事、不必由他人教導的人，認為戀愛正如「陷入情網」這四個字，是一種「陷落」。他們覺得，戀愛就像扔在斜坡上會自行滾動的石頭一樣，根本不必特別去向誰學習。

不過誠如我們接下來會看到的，如果戀愛就像石頭在坡道上滾動那麼自然，那麼談戀愛時，應該只要任由情感主導，就能順利發展，不會發生令人痛苦煩惱的事才對。但實際上，戀愛不一定能如自己所料想的那樣進展順利。許多人因為自己的心意不被接受、交往後的良好關係難以持續而感到苦惱。

那麼，如此說來，就算戀愛是一種「陷落」，也不過是兩人關係開始的契機，為了讓關係延續下去，光憑感情是不夠的。又或者說，我們必須想想，說不定戀愛原本就不是有如物體掉落般那麼自然的東西。

別把戀愛當藉口

戀愛關係並沒有比人生的其他關係更重要。一旦認定戀愛是生命的全部，就會出現類似工作狂般只對工作一頭熱，而不顧家庭的狀況。

工作狂凡事以工作為優先，將「工作繁忙」當成無法處理其他人生課題的理由。他們會說，家庭之所以不美滿，是因為工作忙到無法好好在家過日子。但事實上，不只工作忙碌，甚至分隔兩地卻依然婚姻美滿的夫妻所在多有。

有一位名叫和辻哲郎的哲學家，他在留學期間與妻子往返的書信後來保留了下來。他到歐洲留學大約是二十世紀初的事，當時的郵件都是透過海運，和辻寄出的信件要送抵妻子手中，得耗時一個月以上；在現代這個瞬間便能將郵件寄達的時代裡，或許難以想像，儘管如此，他還是每天寄信給妻子。換言之，每天送到妻子手中的，其實是來自過去的信件。當然，夫妻兩人應該都意識到彼此分隔兩地過日子，然而魚雁往返中滿是欣喜，讀信的當下有如兩人正在對談。

一旦分隔兩地生活，不久後便疏於連絡，或關係因此變得越來越糟的情況雖然很多，但從和辻的這段經歷可以知道，圍繞在兩人身邊的困難不見得必然成為彼此關係的障礙。

再回到工作的話題上，所謂「工作忙碌，所以無法好好經營家庭生活」的說法，只不過是因為雙方關係不順利，而在事後編造出來的理由罷了。

同樣的，如果發生了戀愛優先於其他人生課題，以至於疏於處理其他課題的情形，那不過就是利用「戀愛」做為輕忽愛情以外其他課題的藉口。想必也有人認為，愛情的真髓便是不分晝夜都惦記著心上人，甚至連吃飯都忘記。但就算沉浸在愛河裡，還是得繼續過好每天的生活，工作也不能偏廢。

「better half」這個詞通常用來形容美好的另一半（配偶）。它出自於柏拉圖《饗宴》中喜劇作家阿里斯托芬所說的一段話。

以前的人類長得和現在不同，他們的外觀就是現在的人類背靠背、兩人緊貼在一起的模樣。手和腳都有四隻，前後各有一張臉，有四隻眼睛，還有兩張嘴。由於這樣的人類孔武有力，偶爾也會不遵從神的指示，所以宙斯為了懲罰人類，將他們劈為兩半，還叫阿波羅把人的臉轉過來，讓人類可以看到自己被劈開的部分，好因此心生畏懼、不再搗亂。

阿里斯托芬認為，像這樣追求自己被分開的另一半、試圖回復整體性，正是所謂的愛情。

但找到另一半的兩個人在回復整體性之後，會緊抱在一起不願分離、廢寢忘食，什麼工作也不做，最後就那樣死去。

於是，宙斯將他們一直以來長在背面的生殖器，移到互相擁抱時會直接接觸的這一面來。此外，過去的人類要孕育下一代時，並非藉由生殖行為，而是直接誕生在土裡，所以宙斯讓兩人面對面擁抱時可以生育子女，並藉此擁有雙方結合的滿足感。在宙斯的精心安排下，人類終於不再繼續緊抱住彼此，開始可以做些其他的工作了。

如果像未經宙斯安排前的人類那樣，將精力全都灌注在戀愛，而疏於處理朋友關係的話，等到自己意識到的時候，恐怕除了兩人之外，身邊已沒有任何人留下了。

反正沒人愛我

我所教的學生中，某些人目前雖有交往對象，但沒有對象的也很多。沒有對象的學生會問我：「怎樣才能遇上很棒的對象？」或是「要怎麼向喜歡的人表白才好？」在這些女孩看來，已經有固定對象的朋友應該很令人羨慕吧。

只是說歸說，她們看似羨慕那些有對象的朋友，事實上卻對於要喜歡誰、要跟誰交往之類的事情感到徬徨害怕。

當然，我的學生才十八歲左右，即使目前為止不曾喜歡過任何人或對戀愛一無所知的人並不多，但已經交往過無數對象的，應該也不多見吧。要在腦海中描繪出今後就業與結婚的景象，相信也有踏進未知世界的感覺。對於未知的事物，除了心情上有些雀躍騷動，感到不安與害怕也是無可厚非的。

這樣的人儘管會對戀愛感到遲疑，可是一回神便發現，自己心裡總是記掛著某人，就算試圖要忘記，還是無時無刻不想著對方——也就是「墜入愛河」了。只不過用這種說法來描述，讓人覺得好像「走著走著就掉下去」似的。

好了，從這裡開始就不簡單囉。即使心裡幻想著：要是能向心儀的對象表白心意，並開始交往的話，不知會有多幸福。但事情發展不一定那麼順利。

若是能毫不遲疑向心儀對象表白的人，不會覺得煩惱。但如果認為自己就算對喜歡的對象告白，也不會被接受，這樣的人在表達心意上便會有所遲疑。因為他們認為：不用表白也知道結果，所以採取在行動前就已經打算放棄。

之所以猶豫遲疑，是因為害怕自己的心意不被對方接受時遭受傷害。阿德勒是這麼說的：

> 只有在認為自己有價值的時候，才具備勇氣。

這裡的「勇氣」，是指進入人際關係的勇氣。為什麼進入人際關係需要勇氣？正如前面所說，是因為不知道自己的心意是否會被他人接受；一旦對方不接受，自己便有可能因此受傷。受傷與否雖然不見得必然如此，不過這裡姑且依循慣常的說法。

害怕因與人往來而受傷的人，不會想涉入人際關係。就戀愛來說，向心儀對象表白卻不被對方接受，這種憾事確實是會發生的。因此，為了說服自己「不要表明心意」，便給自己低劣的評價，認為就連自己都不喜歡自己，別人又怎麼會喜歡這樣的人？但如果引用前面阿德勒所說的話，並不是「因為覺得自己沒有價值」，才不願涉入人際關係，而是「為了不要進入人際關係」，所以不可以認為自己有價值。

只是，前面也提過，唯有在人際關係中，才能感受到人生的喜悅與幸福。希望大家還是能擁有進入人際關係的勇氣。

即使表明自己的心意，也不一定會遭人拒絕。不說出口的話，或許可以不必承受被拒絕的傷痛和難堪，但很確定的一點是，如果保持沉默，就什麼事都不會發生。

談到這裡，我們可以知道，在戀愛中徬徨遲疑的人，為了具備勇氣，必須認為自己有價值，也要喜歡那樣的自己。那麼，為了擁有這種想法，該做些什麼才好，又該如何去做？

不談沒有勝算的戀愛

一開始就預設會因為遭到拒絕或關係觸礁等情況而受傷的人，或是曾受過傷的人，他們的想法容易傾向於「只談有勝算的戀愛」就好。這樣的人，會以另一種與前面所見完全不同的方式對愛情感到猶豫。

若依照一般父母養育孩子的方式，孩子會認為在競爭關係中生存是理所當然的——必須和手足競爭、獲得勝利。為了要贏，不論言行，孩子都會力求獲得父母的稱讚，並避免遭到責罵。那樣的孩子長大後，也將手足競爭這一套帶進學校，甚至到了成年、進入社會後，仍持續那樣的方式。

接受這般教養的人，由於害怕在競爭中失敗、認為非贏不可，就算是戀愛或婚姻，也覺得必須贏過他人才行。

然而這不像其他所有的競爭，總是有辦法贏得勝利。可能會失戀，也可能結了婚卻不美滿。對這些人來說，如果向心儀對象告白遭拒，就輸給了那些能與喜歡的對象順利交往、獲得美滿婚姻的人了。

兄弟姊妹的幸福婚姻，也會讓他們對戀愛與結婚感到徬徨。假使有手足比自己先結了婚，那麼自己也必須獲得同樣的幸福才行，否則就算輸了。

話說回來，喜歡上誰或和誰結婚，原本都應該不是為了與誰競爭才對。經常活在競爭關係中的人，因為認定自己在愛情或婚姻上也非贏不可，一旦沒有勝算，就不願踏入愛情關係。

從百分之百開始的難處

有人認為，只要「沒有輸的疑慮」，一切就沒問題了。

曾有年輕的女性友人打電話來：「我去找人算命，問問是否能和現在交往的對象結婚，占卜結果卻說結不成，讓我大受打擊，連飯都吃不下。」她個人的主張是，希望戀愛能從百分之百開始；也就是以「互相都很清楚彼此的心意」做為戀愛的起點。

即使我試著告訴她「無法清楚得知對方的想法，正是戀愛的醍醐味」，也說不通。

是否喜歡對方？所謂的愛是怎麼回事？是否想藉此從對方身上獲得什麼？如果是的話，又會是什麼？關於這些，她完全不打算動腦思考。

我認為，對他人的心意絕非固定不變的；打個比方，比起停留在某一點上來說，或許更像是忽近忽遠、不停變動的狀態。可是她覺得，如果心意會像那樣變來變去的話，就無法知道兩人今後的關係將如何變化，心裡會很不安。

首先，我想知道她為什麼要去找人算命，看兩人會不會結婚。

「妳和男友交往得不順利嗎？」
「沒那回事。我覺得關係很好。」
「既然如此，何必去算命？」
「因為想結婚嘛……」
「然後去算了命，人家告訴妳結不成？」
「對。」

如果這不是和朋友聊天，而是諮商的話，我想問她：「那麼，接下來妳打算怎麼辦？」相信對方一定會回答我：「想結婚。」

她表示和對方之間「關係很好」。但如果關係真的很好，以及她所說的「百分之百」也能繼續維持的話，應該很確信兩人會結婚，而不是特地跑去算命才對。

但她去算了命。恐怕實際上自己或對方的心意，甚至是雙方的心意都有了鬆動吧。也或許是走到了這裡，有種想搶先知道長篇小說結局的心情也說不定。有些人一旦知道了結局，便能安心地繼續讀下去；不過她可能覺得，要是最後不能結婚的話，這段關係就算再繼續下去，也沒有意義吧。我個人倒是認為，如果先讀了推理小說的結局、知道犯人是誰的話，讀書的樂趣就被剝奪了。人生也是，正因為不知道未來會如何，才有意思。關於這部分，我們之後再來思考。

「算命的說妳結不成婚，太好了。」我這麼回答她，結果她立刻反駁：「有什麼好的？」

接著我對她說明：「如果算命的說妳會跟他結婚的話，妳就不會努力經營和他之間的關係了，對吧？但如果說你們結不成婚，而妳還是很想跟他結婚的話，應該會努力增進彼此的關係吧？」

徬徨的理由隨處可得

對戀愛或婚姻徬徨遲疑的理由，不論要多少都能找得出來。

有人將父母婚姻不美滿當成自己拿不定主意結婚的理由。像這種情形，並不是因為父母不幸的婚姻使他對結婚感到遲疑，只不過是將這一點當成自己對婚姻猶豫不決的藉口罷了。

拿來當成對戀愛或婚姻感到猶豫的理由，除了父母不幸的婚姻，其他還有很多：疾病、精神官能症、過去曾經歷的重大災害、事件、事故、年幼時受到父母虐待等等……這些都會被當成愛情或婚姻生活不美滿的理由。

當然，那些事並非完全沒有影響。只不過，不是每個有相同經歷的人都過著一樣的人生、都在人際關係上觸礁。戀愛或婚姻之所以不順利，是因為現在的人際關係建立得不夠好，而非過去所經歷的那些。

如果是過去的經驗導致現在關係發展不順利，那麼為了改善關係，非得回到過去，將經歷過的種種全都消除不可。然而只要我們沒有時光機可用，眼前的問題就絕對無法解決。

會把以前的事端出來說，是因為想在戀愛或婚姻進展不順利的時候，搶先一步主張原因不在自己身上，「錯不在我」。如果自己不需要負責任的話，即使戀愛或婚姻不如預期美好，仍可認為自己並未屈居人下。

若真心想要改善關係，就必須擺脫跟過去追究問題緣由的想法。

真的「沒有邂逅的機會」嗎？

也有人並非從過去，而是從現在的生活中找出戀愛或婚姻不順遂的理由，所謂「沒有邂逅的機會」正是這樣的例子。

這些人會說，就算想談戀愛，也沒有機會遇見對象，因為工作場所裡都是女性／男性，「完全沒有機會認識對象」就成了自己戀愛不順利的原因。的確，工作場所裡也許真的找不到能談戀愛或結婚的對象，不過上班或上學途中，總還是會遇上一些人吧。

如果是愛好旅行的人，不論是火車、公車或飛機上，當然還包括旅遊地，應該都有認識別人的機會才對。

再說，現在已經可以透過電話或電子郵件讓遠隔兩地的人瞬間取得聯繫。姑且不論這種方式對於愛苗的滋長與維護是好是壞，但是要說完全沒有認識對象的機會，實在令人難以信服。

會表示自己從未有過命運般邂逅的人，事實上不過就是「即使遇上改變人生的機會，也不會／不想去注意」的人。我們一開始看到的例子，也就是試圖說明自己雖然嚮往婚姻，卻沒有遇上命運般的邂逅，他之所以這麼想，其實是為了將認識的人從戀愛和結婚的對象中剔除。

至於說到為什麼明明有邂逅的機會，卻非得認為沒有，原因之一是不想在戀愛中受挫、受傷；另一個原因則是想以人人稱羨的婚姻來與朋友一較高下。這麼想的人，為了占上風，會將實際遇上的對象一一由結婚人選中排除。這兩種例子前面都已提過了。

我任教的護理學校或大學護理科系的學生中，雖然以女性居多，但近來以護理師為職志的男性也增加了，所以男學生也不少。不過對於「沒有機會認識對象該怎麼辦？」這樣的問題，我要是回答：「這教室裡不是也有男學生嗎？」女生們便會開始發出噓聲。

如同一開始所看到的，嚮往灰姑娘故事的人，會將現實生活中遇上的對象從戀愛或結婚人選中排除。因此，像是希望對方的年收入要有一千萬日圓之類的，並非認真把它當成結婚的條件，說不定只是為了讓緊追不捨的對方打退堂鼓才這麼說。

表示沒有機會認識對象的人，認為就算朋友比自己先與某人交往、結婚也沒關係。因為他們覺得，比起（將來有一天）要直接面對兩人關係不融洽的現實，還不如活在「如果能夠遇上好對象的話……」的可能性裡比較好。

認為愛是一種「陷落」，卻沒有邂逅機會的人，一旦明白了實際上光是邂逅仍然不夠的時候，就會找出「邂逅」以外的其他理由，當做自己遲遲不談戀愛的藉口。

不論是認為原因出在過去種種經歷的人，或是沒有機會認識對象的人，他們都想表明「問題不在我身上」，並活在「如果有機會遇上好對象……」「如果對方沒有男／女朋友的話……」這種假想的世界裡。

愛是一種能力

那麼，只要有機會認識對象，戀愛就會一帆風順了嗎？即使是這麼想的人，真正開始交往之後，立刻就會發現：邂逅，不過是一個起點。

德國心理學家弗洛姆曾提及一般人的看法：

> 所謂愛情的問題，在於對象而不是能力。（略）愛雖然很簡單，但是要找到適合去愛的對象，或是適合來愛我的對象很難——人們都是如此認為。（《愛的藝術》）

大多數人都認為，愛是一件簡單的事，但是要找到適合去愛的對象很難。弗洛姆卻說「並非如此」。他認為，重要的不是找到對象，而是「愛人的能力」。

有人談過好幾次戀愛，卻總是不順利，也有人反覆結婚又離婚。這樣的人當然不會缺少愛的對象。儘管如此，若還是在戀愛或婚姻觸礁的話，便可說他在愛的方法、愛的能力上還有改善的空間。

對於認定愛是自然的、是「陷入」的，卻唯獨缺少最重要的「陷入對象」的人來說，弗洛姆的想法應該很令人吃驚吧。而且弗洛姆還進一步說了下面這段話。

愛是技術

愛是技術嗎？如果是的話，就需要知識和努力。又或者，愛是一種快樂感受，就像是能否體驗到要靠運氣，幸運的話便能「陷入」的東西？（《愛的藝術》）

即使遇見了對象、開始交往，甚至結了婚，如果不努力維繫，關係就會難以持續。

弗洛姆認為，愛不只是能力的問題，更是一項技術。如果將它視為技術的話，就必須具備知識和努力。從這一層意義而言，愛不是往下陷落，而是需要向上構築的。

若沒有適當的方法或技術，即使愛著某個人，那樣的愛也是無能為力的。另一方面，缺乏愛意的技術則是危險的工具。

關於嫉妒，之後雖然會再提，但可以先告訴大家的是：心存嫉妒的人根本沒有愛。哲學家三木清認為，這類「謀略式」的技術（《人生論筆記》）根本無法成就愛。對於為了使他人只關注自己而玩弄手段的人來說，對方一旦把心思轉向自己以外的地方，便會嫉妒、憤怒、憎恨。然而那樣的「謀略」，只會讓結果與愛原本應有的樣貌越離越遠。

即使幾近瘋狂地愛著對方，卻因為不知道愛的方法而不斷爭吵，以至於心生怨懟的話，戀愛只會結出苦果，無法讓人獲得幸福。

阿德勒也說：「愛並不如某些心理學家所想的那樣，單純只是自然的作用。」（《自卑與超越》）事實上，愛凌駕於如何滿足自然需求的衝動之上——阿德勒在此處所說的「衝動」，指的是「性衝動」的概念。

如果只要滿足衝動就行，那麼愛是簡單不費力的，人們不過是為了因應社會需要而壓抑它。話說回來，雖然用「壓抑衝動」這種說法，但事實是否果真如此，還需要再思考。儘管大家可能無法立刻了解這是怎麼回事，但目前只是希望各位先知道有所謂「愛是技術」這樣的看法，以及戀愛要是談得不順利，很可能也是因為不知道這種技術的緣故。

不過，這般技術絕非只是耍耍小聰明的技巧。雖然曾聽說年輕人如果沒有操作手冊就談不了戀愛，但這種技術並不是手冊裡所寫的那種，而且即使完全按照手冊內容去實踐，也不可能順遂。喜歡上某人時，並不是隨便哪個誰都可以，因為喜歡的對象不是別人，就只能是這個人。就算讀過一般介紹戀愛技巧的書，甚至像是要把應用題答案背起來似的研讀各種戀愛範例，還是無法直接套用在自己身上。

從形式上去認識愛雖有其必要，但如果不從技術的根基去了解「為什麼要那樣做」，一旦出現手冊裡未記載的狀況，馬上就會驚慌失措。

擁有改變生活型態的勇氣

弗洛姆說，愛並非自然作用，而是技術；阿德勒則從「生活型態」的觀點來看待愛。

即使換了對象也一樣失敗，這是因為問題不在於跟誰談戀愛，而在於自己的生活型態。

所謂生活型態，是指個體對自己、對他人還有對世界的信念體系，也就是發生任何問題時，會認為「因為自己有能力，所以能夠解決」，或是覺得「因為自己沒有能力，所以無法解決」？平常面對他人，是視為「會伺機陷害自己的恐怖人物」，或是「在必要時刻會對自己伸出援手的人」？像這樣的思考習慣與對世界的看法，阿德勒稱之為「生活型態」。

而這也是平常我們所說的「性格」，意思幾乎相同；只是如果用「性格」這個詞語，會讓人以為是與生俱來而難以改變的東西。為了清楚表達與性格所聯想到的事物有所不同，便用了「生活型態」這個說法。

生活型態並非與生俱來，而是自己選擇的。談到為什麼可以如此斷言，那是因為即使生自同樣的父母、幾乎在相同生長環境下長大的手足，彼此的性格也不會相同；也唯有孩子自己選擇了生活型態，才足以解釋這件事。

由於生活型態是自己選擇的，只要有心，當下這瞬間就能改變。至於為什麼不願改變，是因為一旦選擇了新的生活型態，下一刻會發生什麼事根本無法預料。

比方說，一個熟人迎面走了過來。對方不但不是陌生人，甚至是自己一直以來懷有好感、打算有機會單獨相處時要表明心跡的對象。眼下要是不叫住對方的話，或許就沒有第二次機會了。一想到這裡，隨著對方漸漸走近，心情也越來越緊張。

可是，那個人在和你擦身而過時移開了視線。如果是個沒自信的人，一見到對方轉移目光，應該會覺得他在迴避或討厭自己吧？

會這麼想是有原因的。即使滿腦子想著：有機會的話希望能向對方表白並交往，但又沒自信，覺得對方無論如何都不會接受自己的心意；就算真的交往了，也不知道能否建立良好關係，於是擅自解釋為對方拒絕了自己。一旦做出這樣的解釋並放棄的話，與對方的關係就不可能會有進展了。雖然會感到難過，但比起兩人即使開始交往，卻因不順利而受傷要來得好太多了。

不過所謂對方拒絕或討厭自己，充其量不過是眾多解釋中的一種而已。以這個例子來說，也可以是以下這種看法：

「一定是因為那個人對我有好感，所以不好意思跟我眼神交會。」

如果心裡是這麼認為的，接下來就必須思考：該如何接近對方才好？但目前為止，就如同前面所說的，因為過去一直活在假設世界的生活型態中，對此將不知該如何是好。

生活型態並非無法改變，「不想改變」才是真的。改變生活型態後，雖能以不同以往的看法面對發生在周遭的事、踏出下一步，但也等同於邁向一個未知的世界。由於對此感到害怕，所以不想改變生活型態，心裡也就有了「不要改變」的念頭。

可是，如果現在的生活型態會讓自己的戀愛變得不幸，就非得擁有改變的勇氣不可。

為了改變生活型態，首先必須停止做一件事，就是「不斷下定決心不要改變它」。

光是這麼做還是不夠。若要改變生活型態，就必須清楚知道「自己想改變成什麼樣子」。有關該如何改變，接下來會陸續說明。我們先來進一步看看，戀愛不順遂與生活型態之間有何關聯。

由早期回憶描繪生活型態

雖然過去發生的某些事情會對我們產生重大影響，但充其量不過是影響了生活型態，而不是歷經了什麼樣的事，就必然會變得如何。

因為這個緣故，我在進行諮商時，雖然不太會問起過去的事；不過為了解現在的生活型態，還是會詢問一些早期回憶。

所謂的「早期回憶」，指的是從出生到目前為止的人生裡最初始的記憶——但不必嚴格要求非要往前追溯到什麼程度不可，因為實際上我們往往不清楚哪一段記憶才算「最初始」，只要是不經意浮現腦海的，隨便什麼都可以；不過倒也不是那種「常常（做些什麼事）……」的記憶，最好是某天的某個時間點、只有過一次的生活片段。

來看看下面這名男子的故事吧，這是阿德勒所提出關於早期回憶的例子。

這是一名三十歲、「總是在最後關頭逃避解決人生課題」的男性（《自卑與生活》）。所謂的「人生課題」，就是前面提過、關於工作、交友、戀愛方面的人際關係。

這名男子雖然想談戀愛、結婚，但因為有「強烈的自卑感」，遲遲不敢接近異性。他口中的「自卑感」，指的其實就是內向、說話時會臉紅。他認為，只要克服內向的問題，或許就能變得比較健談。現在因為說話會臉紅，無法給人好印象，所以越來越討厭說話，也不想外出；就算出了門，只要身處人多的地方，就又一句話也不說，總是覺得很緊張。

事實上，他並非因為有「強烈的自卑感」而無法談戀愛、踏入婚姻；倒不如說，他是以「有強烈的自卑感」為由，逃避愛的課題。不只是男性，也有很多女性將內向、緊張或臉紅當成戀愛不順遂的理由。但這些都不是戀愛之所以不順利的原因。我認為，如果頭一次見面的女性表現得絲毫不緊張，談到自己的想法時，也一副條理分明、侃侃而談的模樣，反而會讓大多數男性敬而遠之吧？對緊張臉紅、說起話來有點小結巴的女性抱持好感的男性，可能還多一些。

這種「因為內向、緊張又臉紅，所以戀愛不順利」的說法，儘管在邏輯上根本站不住腳，還是有人一邊說著這些，一邊把它當成藉口，試圖逃避戀愛。

戀情不順遂，和這些事情其實毫無關聯，不過是生活型態的問題而已。即使試著訓練自己克服內向害羞還有臉紅的毛病，如果不改變生活型態的話，戀愛依然不會順利。

阿德勒詢問這名男子有關早期記憶的部分時，男子回想起曾經和媽媽、弟弟一起去買東西的事。

「有一天，媽媽帶著我跟弟弟一起去了市場。」

光是這兩句話，大概就能預料接下來會出現的內容。記憶中一旦出現父母，便表示這人在成長過程中，充分得到了父母的關愛。這樣的人所提到的回憶要不就是很好的，要不就是很不好的。

因為記憶裡還有弟弟的緣故，這段回憶恐怕是很不好的那種。從記憶中出現了媽媽和弟弟這件事情就可以知道，應該是跟弟弟爭奪母親的疼愛吧；而且可以預料，八成是弟弟奪走了自己曾經獨享的母愛。

「那天，突然下起雨來。」

孩子的人生中，總是會有個什麼事件，而且總是「突然」發生。

「一開始，媽媽是抱著我的……」

這位媽媽或許預料到會下雨。媽媽抱著孩子，是為了不讓他淋濕。媽媽起初是抱著哥哥。可是……

「結果一看到弟弟，就把我放下，抱起了他。」

對這名男子來說，這是一場悲劇。而且說不定平時就常聽到「因為你是哥哥，所以要忍耐」這樣的話。

這裡用了「悲劇」這個說法看似有點小題大作，不過阿德勒也推測，這名男子在選擇生活型態時，應該發生了某場「悲劇」。對男子來說，母親放下自己、抱起了弟弟，的確可算是一場悲劇。

阿德勒說，那場悲劇使人失去「對他人正常的關心」，也讓我們明白，它給人一種「人生是艱鉅而困難的，與其總是直接面對艱難的狀況，倒不如什麼都不做最好」的印象。

所謂「對他人正常的關心」到底是怎麼回事，接下來會慢慢說明。請各位先有一個概念：這個想法是我們思考「在戀愛或婚姻裡，為什麼會一再重蹈覆轍」時的重要關鍵。

必須注意到的一點是，我們剛才所看到的那場悲劇絕非特例，而是手足關係中經常出現的狀況；然而卻不會因為許多人都有過相同經驗，就全都變得和那名男子一樣。

把話題轉回那名男子的早期記憶。阿德勒說：「從這段記憶可以描繪出他的生活型態。」他所選擇的是「他人是否總是比自己更受到疼愛？」這種充滿戒心的生活型態。一開始被媽媽抱在懷裡的明明是他，哪曉得媽媽一注意到身邊的弟弟，就放下了自己而抱起弟弟。他心裡一直害怕同樣的悲劇會再度發生。

我認為，像這樣擔心「即使現在有人愛，說不定哪天就沒人要」的人，絕對不會放過任何足以證明「對方對自己的情意淡了，該不會移情別戀吧？」的證據；更傷腦筋的是，那樣的證據隨處可得。

這些疑心甚重的人便因此想遠離人群、完全孤立、對他人漠不關心，打算活在與別人毫無瓜葛的世界裡。然而就算想要如此，實際上還是無法自己一個人活著；即使不想與他人有所關聯，依然不可能活在完全不受他人協助的狀況下。

說到那名男子為何會想起下雨那天的事，是因為換了對象後，還是發生同樣的事；也就是說，他「現在」依然疑心重重，認為即使出現某個對自己有好感的人，有一天那個人八成還是會離開自己。這不是因為小時候曾發生過記憶裡的那件事，所以現在才害怕自己不受人疼愛；而是因為「現在」的自己疑心病重，才回想起過去的那段經驗。

因此，這名男子如果能放下心中的疑慮和恐懼，那段記憶應該就會被遺忘了才是。

選擇苦戀的人

有人會選擇那種交往了卻不容易踏入婚姻的對象。例如愛上已婚或年齡差距很大的人。當然，無論要跟誰談怎樣的戀愛，都沒人能說「這樣不行」。阿德勒是這麼說的：

與已婚男性相戀，這件事情本身無法從一開始便獨斷地予以責難。因為誰也難以斷言，這樣的愛情會不會有好結果。（《人為何罹患精神官能症》）

儘管愛上了已婚者，那樣的戀情也不見得必然帶來不幸。不過有人卻會刻意選擇這種「交往起來困難重重的對象」。若是這樣的人，就有必要停下腳步重新思考一下：為什麼要選擇這種難度高的對象？

那是因為他們知道，如果選擇的對象是已婚者之類的，即使關係發展不順利，也可以歸咎於對方。

阿德勒舉出一個「以競爭為性格特徵，以優越性為目標」的女性實例（《人為何罹患精神官能症》）。

這名女子因為姊姊結了婚，覺得自己的優越地位受到威脅，所以也打算要結婚。不過，光是結婚的話，並無法在這場手足競爭中獲勝。既然要結婚，就非得比姊姊還幸福才行；如果婚姻不美滿，就會在這場競賽中輸掉。於是這名女子與已婚男子陷入熱戀。因為要是以這樣的人為對象，一旦兩人關係進展不順遂，就可以解釋為是對方的問題，也就不算輸給姊姊。

另外，還有些人無法決定該選哪一個，也就是腳踏兩條船的人。對於這樣的人，阿德勒表示：「試圖要愛兩個人，其實是兩個都不愛。」（《自卑與超越》）在這種情況下，一樣是想將劈腿當成戀愛無法修成正果的藉口。

同時愛上兩個人，應該會為了不知該選哪一個而困惑苦惱吧？這樣的苦惱自然有其目的，因為只要陷入苦惱之中，就不必決定要選哪一個。換句話說，苦惱的目的是為了不要做出決定。一旦停止苦惱，就必須立刻選擇其中一人；苦惱是為了不要選擇，是為了延遲選擇所必備的理由。

我們可以說，上述無論哪個案例，都是挑選了「讓自己不必為自己的選擇負責」的對象。

無法盡如己意的他人

像這樣，將戀愛不能開花結果的原因歸咎於對方的情形固然存在，但說實在的，就算自己以外的他人身上沒有那些難以克服的條件，還是無法一切都如自己所願。

向心儀的對象表白後，如果對方接受了，當然很好，但誰也沒辦法保證對方會待你如同你待他一樣。

即使開始交往後，也不可能隨心所欲控制對方，在行動方面更是如此。儘管心裡推測對方的想法必然這樣或那樣，但在持續交往的過程中，慢慢便會發現，原來對方心中所想與自己全然不同。我們可以說：注意到這一點的人，還有機會改善兩人的關係——當然也有人壓根沒發現對方和自己在想法、感受上完全不同。

就算是長年共同生活的夫妻，也常會發生這種事。只要明白彼此在想法、感受上有所不同，就能夠調整差距。但要是無法做到這一點，便會覺得連尋求理解的努力也是枉然，使得兩人的鴻溝日益加深。

這樣看來，因為發現不只無法控制他人，甚至連對方在想什麼都無法理解，於是試圖閃避難以隨心所欲建立關係的對象，就一點也不奇怪了。

試圖支配對方的人

儘管無法控制他人，但仍有人想依自己的看法驅策對方。

剛開始交往時，彼此都還有些小心拘謹，就算對對方有什麼不滿，大概也不會太直截了當表現出來；但隨著交往的時間越來越長，也就慢慢變得不客氣了。

對方的言行讓自己覺得不滿時，比起完全不說，傳達給對方、讓他知道還是要好得多；但不是隨便怎麼說都可以，也沒有道理像接下來要說明的這樣，變得情緒化。

當對方並未如自己所願去行動時，有人會試圖藉由「憤怒」這種情緒讓對方聽命於己。阿德勒說：「憤怒是讓人與人疏離的情緒。」（《理解人性》）如果因為憤怒而使兩人關係疏遠的話，到最後，對方便不會再接納你的想法，即使他表面上看起來像是聽進去了，卻不是發自內心打算這麼做。

與憤怒一樣，「哭泣」也是為了這個目的製造出來的。阿德勒曾說過：

用哭泣這種武器成功地使人屈服。水的力量！（《難以教育的孩子們》）

把「水的力量」稱為「眼淚的力量」應該也行吧。在關鍵時刻，因為對方那麼一哭，反而傷透腦筋的人可能很多。

會在這種時候哭泣的人，也許從小就這麼做了。有過幾次只要一哭、事情就能如願的經驗後，長大一樣會如法炮製。

阿德勒還說：「愛哭的孩子長大成人後，就那麼變成了憂鬱症患者。」（《自卑與超越》）這聽起來或許有些言過其實，但阿德勒所說、「眼淚與不平之鳴會打亂合作關係，是為使他人臣服時極具效果的武器」卻很容易理解是怎麼回事。

從「哭鬧的孩子和收租的地頭惹不起」這句諺語中（意即「秀才遇到兵，有理說不清」），我們可以知道，的確有人會利用憤怒與淚水來支配身邊的人。「哭泣」這項行為真正要傳達的意思是：你的責難讓我悲傷難過到這種地步，既然我已經這麼傷心，就別再責備我了。

有關精神官能症，阿德勒也曾表示，那是膽小怯懦者的武器，是弱者最常使用的武器（《人為何罹患精神官能症》），因為可以藉此支配他人。

一旦訴說起自己的不安，身邊的人便無法置之不理，精神官能症患者便能成功地讓旁人將焦點只放在自己身上。有潔癖的人，會將症狀當成避開性行為的理由，藉此逃避與伴侶結合，並比對方更占上風。也有人為了支配對方，因此打從一開始便尋求某方面來說比自己弱勢的伴侶，那種人當然不會選擇學歷或頭腦比自己更高更好的對象。

由此可知，即使是看似關係良好的情侶，只要其中有一方較為強勢，總是想教育或批評對方，關係便無法順利發展——因為他們對於自己是否真的優秀毫無自信，才會試圖比對方更占上風。

為何具有攻擊性？

也有人嘗試用更直接的方式支配對方，也就是攻擊那些不依自己所願去行動的人。不過，這樣的人，並非一開始就具有攻擊性。他們也和愛哭的人一樣，想讓旁人聚焦在自己身上，成為眾所注目的焦點。

為了得到注意，一開始會試圖獲得讚賞，也就是希望別人稱讚他。問題是，想獲得稱讚的人，根本無法忍受對方完全沒注意到自己做的事。

比方說，某天心血來潮為喜歡的人做了便當。一大早就把便當遞給對方時說：「我看你好像老是很忙，連中午都沒時間好好吃飯，所以起了個大早為你做了便當。」

到了傍晚，拿回便當盒一看，或許對方真的因為太忙還是怎麼了，根本連動都沒動過。這下子會有什麼反應呢？依對事情的認知不同，有可能認為「因為太忙了，沒空吃」，也有可能認為「明明特地為他做的，怎麼這樣」。

如果出現後者這種反應的話，就會變得具有攻擊性。

為什麼不回我訊息？

要成為注目焦點，不是只有做便當而已。頻繁地打電話、發訊息等等，應該也可算是博取關注的方式。

雖然接到對方連絡是開心的事，但要是正好工作在忙，不論訊息或電話，都會讓人覺得不堪其擾。

如果是能坦白說出「現在沒辦法接電話，晚點再說」的對象倒也還好，萬一是那種一直沒辦法掛他電話的人，長此以往，會漸漸讓人覺得意興闌珊、懶得講電話，甚至變得有電話也不想接、有訊息也不想立刻回。

真的忙不過來的時候，的確無法接電話，也回不了訊息。

有一名照顧病中雙親的女性，直到父母晚上睡著前，都有很多事要忙，但男友總在她最忙的時候打電話來。即使告訴對方：「現在正忙，走不開。」男友也不打算掛電話。不只如此，有一天男友還說：

「我們是在交往沒錯吧？」

就男友的立場，可能認為交往是彼此的事，跟家人一點關係都沒有，不該為了照顧父母而完全不連絡才對；也或許是他只有這個時間才方便打電話之類的緣故。如果是個不能顧慮對方家庭狀況的人，一旦要開始認真思考結婚的事，對方的家庭恐怕會成為問題。

有些人會因為對方不能如自己所期待的那樣為自己空出時間，或是因對方遲遲未回訊息而感到不滿，決定分手；還有人會因為無法接受這些，而變得具有攻擊性。

有一名男子因為太忙而無法跟女友連絡。有一天，他發現家中的電話答錄機中有留言：

「我知道你在家！」

當憤怒的情緒出現時，兩人之間是沒有愛的。儘管如此，即使隱約注意到剛開始交往時的那種愛意已不復在，卻還誤以為只要強迫對方，兩人的關係就能回到那時候。

女友沒有感受到他的煩悶不耐，而他也有話要說。「我很忙，回到家想好好休息。可是妳一直發訊息、打電話，如果要一一回應的話，身體會受不了！」就像這樣，說出自己想說的話、訴求行動的正當性。這時候，兩人其實已處於權力鬥爭中。就算沒有表現得情緒化，只要任何一方開始主張「我才是正確的」，便已進入權力鬥爭的階段。

要解決這個階段的紛爭，只有一個辦法。這個方法是什麼，之後的章節再來看看。

總之，這名男子雖然很忙，某天還是想辦法排出時間與女友見面。只是隔了一段時間，好不容易見面，女友卻沒有因此感到開心，看起來反而有些不對勁。於是他詢問到底怎麼回事，竟得到意想不到的回答：

「因為你總是很忙，沒辦法跟我見面，上星期六我和你的朋友A先生約會，跟他上床了。」

聽到女友的話，與其說生氣，他更是因為覺得「妳為什麼要那樣做」而感到不愉快。女友，是為了報復他才這麼做的。

愛不能強迫

愛是無法強求的。認為有辦法做到這一點的人，心裡其實是認為「被愛，比什麼都還重要」。但這是非常嚴重的錯誤。有關這個問題，我們之後再來探討。

在此要提出的一點是，即使期待被愛，也無法勉強對方。自己可以去愛對方，至於對方要不要愛你，決定權在他，而不是你。

並不是說「想被愛」是錯的；如果想要被愛，就必須努力。

有兩件事無法強迫他人去做，就是尊敬和愛。即使要求對方「尊敬我」「愛我」，人家也不見得就會因此尊敬或愛你。至於儘管嘴巴沒真的說出來，心裡卻認定這種事可以強求的人，大概也不會得到尊敬與愛吧。認定可以強迫對方靠近自己的人，面對那些不接受自己好意的對象，就會變得具有攻擊性；就算沒嚴重到變成跟蹤狂，也很有可能會不斷打電話纏著對方。

但如果做出這種事，反而會使對方的心遠離你。其實只要稍微冷靜想想，就應該知道會變成這種結果，可惜執迷於意中人的人，往往看不見自己在做什麼。

做出這些事情的人，即使知道自己惹人厭，可能也不願意承認。因為一旦承認了，自尊心就會受傷，甚至會乾脆斷了想討人歡心的念頭，打算讓對方覺得不舒服，變得有攻擊性和報復心。之所以會變成那樣，是因為想認定問題出在對方身上。

無論是試圖支配，還是發動攻擊，都是「想得到對方的愛」這種認同欲望的投射；當然這些並不是獲得認同的好方法，至於希望被愛、想獲得認同的部分是否本該如此，則又另當別論。

嫉妒是惡魔屬性

試圖強求愛、支配對方的人，其實都沒有自信。同樣的道理，缺乏自信的人會「嫉妒」。

哲學家三木清表示，嫉妒是「與惡魔相稱的屬性」，並說了以下這段話：

> 無論任何情感，表現得天真無邪的時候，總是有著某種美感。然而嫉妒之中並沒有所謂的天真無邪。（《人生論筆記》）

三木說，相對於可以是純淨無瑕的愛，嫉妒則總是陰險晦暗。這裡希望各位注意的是，三木並沒有說愛「就是」純淨無瑕。愛「可以是」是很純粹的，但並不表示只要維持原樣，就能乾淨純粹。

另一方面，嫉妒「總是」陰險晦暗。三木對其他的情感表現也會提出好的一面，但唯獨「嫉妒」只有負面說法。

愛與嫉妒的共通點是，相較於其他任何一種情感來說，兩者都是「謀略式的」，且「更具持續性的」。一旦摻入了持續不斷的謀略，愛就絕對無法保持純粹。不長久的情感或許不會折磨人，但長久的愛與嫉妒將令人痛苦。

三木更進一步指出，「能驅動強大的想像力」也是愛與嫉妒共通的特徵。麻煩的地方在於，並非想像對方「愛著」自己，而是想像自己「不被愛」，甚至幻想出足以佐證此事的證據。三木說，嫉妒會驅動想像力，是「根據摻雜其中的某種愛」；追根究柢，要是沒有愛，便不會出現嫉妒的情緒。然而我卻認為，愛與嫉妒是不同的東西。只有嫉妒的人，才會驅動想像力；置身於愛的人，並不會嫉妒。

有人認為，遭人嫉妒就是被愛的證據，還希望自己能被別人嫉妒。他們覺得要是沒人嫉妒，就表示自己不受關注。

不過這種人真正的想法，其實是嫉妒對方，但自己不想被嫉妒。之所以會說「沒人嫉妒就不覺得被愛」，是想將自己嫉妒別人一事正當化，才會那樣說。

監視對方的行動，只會將關係逼入死胡同，不會往好的方向發展；而持續受到監視也不可能覺得開心。三木說，嫉妒是「出外閒逛、不顧家」「總是忙個不停」，意思是心存嫉妒的人不斷找尋著足以嫉妒的題材，永無寧日。

即使真的受到疼愛，要是沒有自信，就會被「該不會不愛我了吧？」或「搞不好什麼時候會出現競爭者？」之類的不安牽著鼻子走。這是一種自卑感，是害怕無法留住對方的人製造出來的情緒。

只是，再怎麼想留住對方，畢竟對方並不是自己的私有財產。阿德勒表示，嫉妒來自於將他人視為私人財物。即使能像物品一樣把對方留在自己身邊，卻留不住他的心，更不可能將對方的情感據為己有。

心懷嫉妒的人會不斷想尋找自己不被愛的證據，一旦這麼做，任何事看起來都會是證據。想像力受到驅動，內心則為了尋找不被愛的證明而忙碌不堪。

關於嫉妒，阿德勒還說了下面這段話：

> 嫉妒以各種面貌現身。看起來就像不信任、暗自疑心掛慮、覺得遭受輕蔑，還有不斷擔心害怕。（《理解人性》）

關於不信任，已經說明過了。無法相信對方的人，會一直緊迫盯人；害怕遭到輕蔑，也是因為沒有自信。嫉妒的情緒不只針對自己所愛的人，也針對傾慕對方，或（看似）對方所愛的人（競爭者）。比方說，當競爭者比自己年輕貌美時，嫉妒的情緒就會出現。這全都是缺乏自信的緣故。愛，原本就不是誰輸誰贏的問題，如果擁有自信，想必不會產生嫉妒。

另一方面，假設對方實在比自己優秀太多、根本望塵莫及的時候，應該不會感到嫉妒吧？不過雖然對方比自己優秀，但如果覺得自己也可能變得和他一樣時，就會產生嫉妒心。因此，只要對方遠比自己優秀，就不會感到嫉妒。

給花澆水

除了缺乏自信之外，試圖支配對方和嫉妒的人還有其他共通特徵，那就是只關心自己。

有一名年輕男子和美麗的未婚妻在舞會上跳舞。跳到一半，男子的眼鏡不小心掉了。他為了撿起掉落的眼鏡，幾乎把女友推倒。朋友們大吃一驚，有人開口問道：「怎麼回事？」他的回答是：「我不想讓她把我的眼鏡踩壞。」

很顯然，這名男子只關心自己。介紹這段小故事的阿德勒說，由此應該可以知道，這名年輕人還沒準備好要結婚。（《自卑與生活》）

此外，阿德勒也說：「約會遲到卻沒有合理解釋的戀人不可信任。」

阿德勒說，「約會遲到」這種行為所表現的是「遲疑的態度」，認為是因為想到諸如「等一下見了面，不知道對方會覺得我怎樣」「人家會怎麼看待我的穿著打扮」「約會的時候應該不會被對方嫌棄吧」……之類的狀況，並感到遲疑，所以才會遲到。

不過我認為並非如此。約會遲到，並不是因為有那些顧慮，而是心思不在這件事上。我必須說，那樣的人除了自己以外，對他人漠不關心。如果真的有把對方放在心上，不可能在約會時遲到卻「沒有適當合理的解釋」。

弗洛姆則說了下面這段話：

> 假設有位女士說她喜歡花，卻忘了給花澆水，看到這樣子，我們應該不會相信她對花的那份「愛」吧？所謂的愛，是對所愛個體的生命與成長積極給予關切。若缺乏這份積極的關懷照料，愛便不存在。（《愛的藝術》）

嘴上說著「愛花」的人，如果忘了給花澆水，任何人見到了，必定會因為他的照顧不周而抱持「你真的愛花嗎？」的疑問。同樣的，不論口中如何說著「我愛我的戀人」，卻只考慮自己的事，對情人完全沒有任何關懷照料的話，實在很難相信他是真的愛著對方。

你的問題在哪裡？

目前為止，我們看了各種戀愛不順遂的例子。夢想與某人有個完美邂逅、與對方墜入愛河的人，或許會因為戀愛的嚴苛與艱難而感覺得眼前一片黑暗。但若不肯好好面對意中人，即使真的跟誰交往了，也不容易建立良好關係。

害怕直接面對這般現實的人，對於戀愛往往猶豫遲疑，一旦發生任何問題，或許就會想歸咎於對方。然而這終究是生活型態的問題，並不是只要有了邂逅，戀情就能進展順利；至於對象是誰，也不是什麼大問題。害怕戀情不順的人，既不打算擁有自信心，也只關心自己。

關於自己、想談戀愛的對象，還有與對方關係應有的樣貌，若不能徹底改變想法，相信即便換了人，同樣的事情依然會再次發生。

第2章
結婚與育兒的困難

結婚或許是不幸的開始

雖然不是所有的戀愛都會走向婚姻，但是我想，單純交往、完全不考慮結婚的人應該也很少吧。即使兩人決定「不結婚」，但在如此考慮的當下，畢竟仍意識到了結婚這件事。

這一章就來看看結婚與生子會對兩人的關係造成怎樣的影響。

我記得剛進高中的時候，有一次導師突然說到「沒有戀愛是不關係到結婚的」，讓我嚇了一跳。究竟是在什麼脈絡下談到這一段的，現在雖然已經想不起來，但在那之後的好長一段時間裡，我不斷思索著老師這段話的意義。

戀愛的終點，不見得必然是婚姻。許多小說、電影或電視劇都在相愛的兩人結婚時畫下句點，但結婚其實是兩人新關係的開始，而非終點——不如說，結婚不僅不是美滿的結局，說不定反而是不幸的開始。如同踏入婚姻前那段過程的重要性，結婚後對雙方關係的培育也同樣重要而艱難。

許多結過婚的人都有經驗，並感同身受：即使結了婚，也不一定就能獲得幸福。如果不努力培養這份愛，兩人的關係沒多久便會畫下句點。

阿德勒說：

以理想狀態或故事中美滿結局的觀點來看待愛與婚姻，是錯誤的。他們之間的關係的可能性，始於兩人結婚的那一刻。（《自卑與超越》）

在結婚那一刻，兩人的關係只具備了「可能性」。剛結婚的兩個人就像大理石或青銅，如果只想著要用它來雕刻些什麼東西，卻不實際去做的話，是不可能完成雕像的。要讓婚姻幸福，或是不幸福，全看婚後雙方的努力。

有人說，他只要看看走在路上的男女，就知道這兩人結婚了沒有，因為已結婚的兩人是看不出幸福模樣的。有的丈夫一副趾高氣昂的模樣；也有太太把購物袋全丟給先生拿，自己卻大搖大擺的。

有些人也許會因為看到對方在婚後變了個樣子，於是產生落入圈套般的感覺，除了吃驚，也開始反彈。但事實上，不過是自己在婚前沒注意到那些徵兆罷了。

談戀愛的時候，儘管雙方關係可以像蝴蝶結一樣，隨時都能拆開說再見，但有時會在不知不覺中纏繞糾結，變得無法輕易解開。

由於彼此都希望能長遠，甚至盡可能一輩子共同生活，才下定決心，踏上婚姻之路，因此在婚後，即使關係上有些狀況，也無法像過去交往時那樣，可以輕易分手。

婚姻不是「活動」，而是「生活」。如果是旅行的話，因為茶來伸手、飯來張口，自己什麼事也不用做，只要發呆等上菜就行了，吃完飯連餐具都不用洗。但結了婚以後，兩個人如果不互助合作的話，就沒辦法吃飯，而且也必須收拾善後。這就是活動與生活的差別。

兩個人一旦開始過著不屬於活動的生活，就不可能總是只讓人見到自己好的一面；同樣的，當然不可能只看見對方好的那一面。此外，還必須開始與對方的父母、親友進行互動。

婚姻的未來無法預測

有人因為預想到這些事，而對婚姻感到遲疑。如果結婚必定能獲得幸福的話，應該就不會猶豫不決吧。但實際上，就算結了婚，說不定也得不到幸福。

由於無法預測婚後會發生什麼事，使得許多人害怕婚姻。關於結婚，阿德勒說過下面這段話：

婚姻的未來，並無法像計算石頭掉落地上的路徑那樣，可以預先知道。石頭所在的地方是真理的世界，而我們則住在人性化的謬誤世界領域中。（《人為何罹患精神官能症》）

如果是掉落的石頭，還可以預測將經過怎樣的路徑，卻無從知道兩人婚後的生活將變得如何，因為石頭掉落時必然遵照物理法則，擁有自由意志的人類卻可以選擇自己的行為，而且當下也可能做出錯誤的抉擇。

從這一點來說，兩人的關係不可能自始至終完全與剛開始交往或剛結婚的情況相同。這裡所謂的「不可能完全相同」，不一定意味著雙方關係的惡化；隨著時間流逝，關係當然也有可能變好。

總之，經過一段時間後，當所處的環境狀況產生變化時，身處其中的兩人心意要維持不變是不可能的。當然，大致上而言，或許可以說「兩個人的心意絲毫沒有改變」；也可以說，正因為彼此都相信無論發生什麼問題，那份相愛的基礎都不會改變，才有辦法結婚。

不過「心意要維持不變是不可能的」這句話，並不是變得討厭對方的意思，而是心中曾經抱持的那份心意不會原封不動一直固定在那裡——倒不如說，完全沒變才奇怪吧？如果從認識那天起，對對方的心意便從來不曾改變的話，幾乎可以說，他根本打從一開始就對對方沒意思。

只要兩人的關係會產生變化，就不可能預測婚後的未來。

正因為無法預測，婚姻才有價值

雖然人們會說：「結了婚，就能得到幸福。」但這不過是一種信念而已。比方說，「今天在下雨」是事實的認知，至於「明天會下雨吧」，則意味著「我相信（認為）明天會下雨」，可說是一種信念。婚後會變得如何，也同樣是信念，無法像估算石頭掉落的路徑般預測。

假設未來的一切早已有了定數，我們也可以預見今後所有會發生的事，情況將會變得如何？即使明天到來，也不會有出乎意料的事情發生；所有的一切都在預期中，也不可能發現未知的事物——因為一切都是已知。要真是這樣的話，科學就得畫下句點了。

而且不只是科學，人際關係也一樣。最近才剛認識的朋友當然不用說，即使是老朋友，我們也會無意間在對方身上發現過去不知道的一面，又或者對方突然有些出人意表的舉動等等。正因為如此，人與人的相處才有樂趣，什麼事情都能預知的話，應該很沒意思吧。

阿德勒說，如果一切都可以預測的話，「我們置身的宇宙，想必只不過是老調重彈罷了。」（《自卑與超越》）

正因為有所不知，才會為此而努力；正因為世事難以預料，儘管有時會為了超乎想像的事受到衝擊，但也因此才能感受生之喜悅。

相愛的兩人，應該都希望以結婚為目標吧，但婚後會發生什麼事卻沒人知道。也正因為如此，雙方要努力去愛，讓愛充滿喜悅。如果未來的一切早已決定，相信雙方也不會為了彼此關係的和諧而努力，這樣的人生便不能讓我們覺得值得一活。

未來固然無法預測，但也因此具備存活的價值。自認對今後將發生的事了然於心的人，必然不認為兩人關係會產生變化。那樣的人，即使雙方關係進展不順利，應該也不會發現；既然沒注意到，當然也不會盡力改善。不曾注意到關係生變，就是雙方關係上的重大問題。

有一個據說是阿德勒很喜歡的小故事。子女們環繞在彌留的父親身邊，兒子向前問父親，希望他能說說關於未來所知道的事。

父親是這麼說的：

唯一可以確定的就是，沒有任何一項事物是確定的，所有的一切都會改變。

（《給初學者的阿德勒》，安妮．霍伯編著）

為何無法踏入婚姻？

有些人無法與長年交往的對象踏上婚姻之路。不結婚這件事本身並沒有問題，不過一旦探詢對婚姻感到遲疑的理由，就可看出其中有關雙方關係現狀的問題。

最常見的理由便是「沒有自信」。交往時儘管常常見面，只在對方面前表現出好的一面也不是辦不到；然而如果要天天朝夕相處的話，就不可能那樣做了。因為這樣，才對結婚感到遲疑。

也有人覺得婚後可能會愛上別人，因此結不了婚。但這種事不是婚前該考慮的。在這些表示有可能愛上其他對象的人之中，抱持著「自己發生這種狀況是無可奈何的，但絕不允許對方喜歡上別人」這種想法的人很多。

結了婚就會失去自由，這也是遲遲不結婚的人常提出的一個理由。雖然從一開始交往就有這種感覺的人似乎也挺多的，但不得不說，會這麼想的人，原本對戀愛或婚姻的看法就有問題。「一旦共同生活，就會失去自由」這種說法，並非什麼不言自明的道理。

還有些人因為論及婚嫁的對象表明自己可能無法生育，而對結婚一事感到迷惘。可是說到底，誰都不知道生不生得了小孩，兩人的婚姻更不會因為無法生育而失去意義。

事實上，的確有夫妻因為結了婚卻沒有孩子而受苦。不過他們之所以受到折磨，並不是「生不出孩子」所導致的，而是執著於「生孩子」這件事，難道不是這樣嗎？

也有人表示，結了婚就得生小孩，因而遲疑要不要結婚；另外還有人怕生了孩子身材會變形，並想到養育子女的辛勞，猶豫著不想結婚。有這種想法的人，其實是認為只有女性要面對不利的處境。

的確，就現狀而言，由於養育子女時大多得不到男性協助，認為只對女性不利也是在所難免的。如果是這樣的話，就必須向男性尋求協助。即便男人無法代替女性生育，但絕無理由只讓女性承受伴隨育兒而來的種種辛勞。相較於過去我自己接送孩子到幼兒園的時代，現在男性的配合度看來已經提高了不少。

男女其中一方，或者說任何一方，都會將養育子女當成無法下定決心結婚的理由。有這種想法的人，認為孩子會剝奪自己（或雙方）的時間；甚至有人覺得孩子一旦出生，就會取代自己、成為全家注目的焦點；目前為止集中在自己身上的關愛，也將移向孩子。這樣的想法是不妥當的。

以上所列舉這些對婚姻感到遲疑的理由，其實是為了讓自己不結婚的決心正當化，真正目的在於尋找不結婚的藉口。

父母反對婚事時……

也有些人因為父母反對而無法踏入婚姻，比如說，還沒有穩定工作就打算結婚的話，遭到父母反對的應該不在少數吧。可是要結婚的並不是父母，即使他們反對，也與兩人要不要結婚毫不相干，仍必須由自己做決定。

父母親也一樣，就算反對孩子的婚事，也不可能為子女的人生負責。或許將來父母親會後悔，認為當初應該更堅決反對才對，但畢竟所有責任都在孩子身上，父母是不可以介入的。另一方面，父母之所以擔心，也都是為了孩子著想，因此我認為，身為子女的人可以對父母說聲：「謝謝爸媽為我擔心。」不過責任歸屬還是要明確區分清楚才行。

我們要過的是自己的人生，所以不能事後怪父母當初為什麼沒有反對自己去做某事。甚至可以說，就算與父母建議的對象結婚後，關係並不和睦，最終的責任還是在自己身上，不能歸咎於雙親。

父母反對孩子婚事的理由，除了剛才所舉的例子之外，還有很多，然而這些只不過是後來附加的藉口。說不定是因為認定了既然身為父母，就該對孩子的婚事有意見並表示反對，但說穿了，不過就是父母自己不夠自立，害怕孩子離開自己身邊罷了。

只是這種事情只能靠父母自己解決，孩子無法插手做些什麼。就算父母反對婚事、發脾氣，那般情緒也只能由他們自己想辦法處理。

話說回來，即使婚前遭到父母反對，只要兩人婚後是幸福的，就算是盡了孝道；只要與伴侶共同為雙方關係努力，讓父母感覺到「還好當初沒有反對孩子的婚事」就行了。

此外，做子女的也可以這麼想：所謂的「父母」，是一種一旦認為「即使我不在這孩子身邊也沒關係」，就會突然快速衰老的生物。換句話說，父母在認為「這個孩子沒有我在身邊不行」的過程中，反而能活得精神奕奕。我認為，各位在心裡可以對這件事預先有個認知：即使在父母反對下結婚，也可算是盡孝，不見得讓父母傷心，就必然不孝。

懂得盤算的人會犧牲對方

到這邊，我們看到了各種對結婚感到徬徨遲疑的原因；狀況或許各有不同，但基本上不過是後來才附加上去的理由。事實上並不是因為有這些狀況，所以無法結婚，而是為了不結婚，才提出這些託詞。

為了不結婚而端出各種說法的人，因為無法預測婚後的未來，便覺得擔心害怕。像這樣很難踏入婚姻的人打算結婚時，會選擇很好懂、能料想婚後生活大概是什麼模樣的對象為伴侶。換句話說，比起對方本身，更重視年收入、社會地位等條件，藉此判斷他是不是個「安全」的人；其中也包括對方父母是怎樣的人、有沒有兄弟姊妹之類的。

這樣的人認為，雖然無法預測婚後會發生什麼事，但如果是擁有穩定職業、具社會地位的對象，至少要面對的困難應該比較少，於是沒錢的、沒有固定工作的人，一開始就會被排除在伴侶候補名單之外。不只是因為和這樣的人在一起無法預知將發生什麼事，甚至是認為，即使有辦法預測，恐怕也難以獲得幸福。我認為，如此設想的人所說的「幸福」，實際上並不是真的幸福，而是「成功」。不過這個問題現在暫且不提。

另外也有人認為，結婚對象如果是名人，自己的價值會因此提升。阿德勒則說，那樣的人是「犧牲他人，以誇耀自己的價值」。

對方或許並沒有意識到自己因此犧牲，但要是知道並非因為愛，而是因為財產或社會地位才雀屏中選的話，想必不會開心吧。話說回來，事實上也有些人認為，只憑原有的樣貌和條件，應該不會有任何人愛上自己，於是想利用財產與地位獲得他人的愛，甚至達到結婚的目的。

無論如何，不管任何形式，只要有人利用他人做為滿足自己欲望的手段，便是犧牲了對方。

這種犧牲對方的關係無法稱為「對等關係」。如果是在充分理解雙方關係對等的情況下，這種事是絕對不會發生的。至於對等關係是怎樣的關係，我們之後再來討論。

生活型態才是問題

視經濟上的安定或社會地位為結婚重要條件的人很多，但相較於生活型態的問題，都只能算是枝微末節。幾乎可以說，只要明白雙方的生活型態，便大致可以預測兩人今後的人生將變得如何。

並不是說必然會變得如此，只是如果雙方今後都不會改變生活型態，那麼結果應該八九不離十。在生活方式上，只要能提出一點點不同的看法，兩人的關係必然會有所改變。

在此要事先提出一點：經濟或社會上的條件，不會成為婚姻的重大問題。

父母常會告訴孩子「不論做什麼都行，等你自己會賺錢了再說」之類的話。如此一來，孩子在出社會前這段求學歲月裡，就只能成為順從父母的應聲蟲；如果又被說了例如「你以為自己是靠誰才有飯吃的？」這樣的話，孩子就會變得什麼話都說不出口。

同樣的，結了婚的兩人，如果有一方以經濟優勢為由，控制對方的生活方式，那麼婚姻生活想必不會太和睦。明明經濟上的優勢根本無法代表生而為人的優勢，卻還是有許多人抱著「賞對方一口飯吃」似的錯誤觀念。

伴侶不是你的父母

其他還有一些生活型態也會給婚姻生活帶來阻礙。比方說，正在交往或已結婚的兩人中，如果有一方是在嬌寵溺愛中長大的，一開始也許沒什麼大問題，但之後麻煩就來了；尤其當雙方在成長過程裡都備受溺愛時，結果很可能會變得十分悲慘。

關於同在溺愛中長大的夫妻，阿德勒對這樣的婚姻生活說了下面這段話：

這是任何一方都不打算給予，只期待獲得些什麼，並各自站在對方面前的一種狀態。雙方都覺得自己不為對方所理解。（《自卑與生活》）

這裡所說的「給予」是怎麼回事？在嬌寵溺愛中長大的人，因為期待受人疼愛，便等著對方「給予」自己「寵愛」。因此，當對方未提供自己想要的「寵愛」時，就會認為自己沒有得到對方的理解。可是原來所謂的「給予」，並不是「給予寵愛」的意思。

受溺愛的孩子，希望得到所有自己想要的東西。實際上，幼年時期的確可以做到這一點，只要哭就行了，只要對於「為什麼不給我想要的東西？」這件事提出強烈抗議就可以了。

當然，不久之後，這個想要的都能到手、隨心所欲的「黃金時代」就會結束。

只不過有些人並未發現美好時光已成為過去。這樣的人認為，人生就該「我說了算」，按自己的想法走；甚至覺得，當渴望的事物未能到手時，連活著都毫無意義。

的確，有些事無法憑一己之力達成。如果是超出自己能力的事，向他人尋求協助既沒有錯，也是必要的。認為任何事都該憑一己之力完成，就連有需要的時候也不向他人求援，反而會給身邊的人帶來困擾。

不過另一方面，認為接受他人幫助理所當然，也是個問題。只要求助，他人或許會伸出援手，但那是對方的好意，而非義務。在對此有所誤解的情況下成長的人，會認為他人本來就該依照自己所期望的去行動。

這樣的人，將對無法如自己期望去行動的人發動攻擊。可能雙親曾容許孩子展現這般態度，但結婚的伴侶並非父母，不能因為另一半無法像父母那樣、任何事都聽自己的，便覺得難以共度一生。這是錯誤的想法。

交往時或許會為了培育愛苗而努力；一旦結了婚，卻因為能長相廝守而感到安心，於是不再努力博取對方歡心，例如買禮物之類的。

當然，婚後必須以不同的方式努力增進雙方關係。只是在溺愛下長大的人無法接受對方的改變，於是覺得對方不了解自己。

阿德勒常提到有關溺愛或受溺愛的問題，他說：「在我們的文明中，無論是社會或家庭，都不希望受溺愛這樣的過程無限延續下去。」「因為我們的文明認為，一個人不付出任何貢獻，卻總是居於注目焦點是不恰當的。」（《自卑與生活》）

只不過，和阿德勒那時候不同，現在這個時代裡，在溺愛中成長的人很多，也似乎並不認為不付出貢獻，卻處於注目焦點是不恰當的；也就是說，不認為「受人溺愛」有何不妥。我認為，「不付出貢獻，卻身處注目焦點是不恰當的」這個概念若能成為常識，今日社會的眾多問題都可以免除。

不固定角色分配

阿德勒以一名受父親溺愛的么女為例（《人為何罹患精神官能症》）。當父親再婚時，她認為自己遭到遺棄，因此對父親隱含恨意，於是決定不要結婚。

有一天，她做了一個夢。

> 耶穌基督出現在我面前，邀我一起去天堂。耶穌說我在天堂的工作是要讓其他所有人都開心，如果不答應這個邀請，就得要下地獄。

夢中的耶穌，即是向她求婚的男子；要她一起去天堂，也就是說服她結婚的意思。如果不答應請求就得下地獄的說法，怎麼看都很強硬。至於在天堂的工作，也就是她婚後要做的事；而所謂「其他所有人」，即是指在結了婚的情況下，必須取悅這名男子的意思。

關於這個夢，阿德勒的解釋是這樣的：

> 所謂「讓其他所有人都開心」，等同於輕蔑女性所負職責的想法。因為她認為，女人的任務不過就是取悅男人罷了。

假使有人一心只想著對方「究竟會做些什麼來取悅自己」，當然會讓婚姻生活出現問題；另一方面，如果抱持著「婚姻就是女性取悅男性」的想法，這種想法本身應該就是個問題。

由於這名女子不想結婚，所以不願認為婚姻生活是有魅力的；因為下定決心不結婚，所以見到這個由「耶穌」引導她前往的天堂（也就是婚姻生活）時，必須感到絕望。

於是我去了天堂。但是在那裡，我看到許多長相宛如佛朗士（Anatole France）筆下那部諷刺小說中、有如企鵝般的天使。我也見到了上帝。上帝剃了鬍鬚，看起來就像出現在藥房廣告上的男子，他來回走動著。我感到極端絕望，想要離開。

當然，這不過是這名女子對於婚姻的印象，但現在這個時代裡，相信仍有人在婚姻方面抱持著與她相同的想法。

這名女子的婚姻觀，有兩個問題：第一是認為「婚姻即是要取悅對方」。前面稍微提過有關「給予」的概念。如同在溺愛中成長的孩子，只期待他人付出的這種想法固然是錯誤的，但是想藉由「給予」來取悅對方也不正確。

另外一個問題是，以「男性的角色」「女性的角色」這種既定想法去思考任務分配。

如果在外工作的丈夫大放厥詞：「我在經濟上讓老婆沒有任何後顧之憂。」妻子應該不會感到開心吧。就像小時候，許多人聽到父母說「要做什麼都行，等你自己會賺錢的時候再說」時，會提出反駁一樣。

無論是在外工作，還是打理家務，都不是以性別來分配任務，只不過剛好因為工作的狀況而決定其中一方專心在外工作，或負責打理家務而已。話說回來，家務本來就不該讓哪個人全權負責，而是要由家中所有成員彼此分擔。如果因為白天在外工作而無法做家事的話，晚上做也可以。

明明應該是很簡單的事，卻會成為問題，是因為有關家事方面的社會評價與相關意識低落的緣故；是說出讓他人「在經濟上沒有任何後顧之憂」這種話的人，視對方低人一等的緣故。

子女出生後的難關

目前為止，好像都在說婚姻給人的不良印象。關於這些問題的解決方法，留待下一章探討。這一章的最後，先來看看結婚一段時間後會出現的問題。

有些人只要子女一出生，就會改變對另一半的稱呼，也就是稱丈夫為「爸爸」、稱妻子為「媽媽」。不過，這是讓孩子介於其中，以孩子的觀點稱呼對方，是一件毋須細想也知道很奇怪的一件事，卻有許多人不曾發現這一點。

夫妻同心協力雖然是養兒育女不可或缺的，可是家庭一旦開始以孩子為中心去運轉，就會因此產生問題。

其中一個問題是，由於母親與孩子的緊密結合，使得父親在家中受到孤立。尤其是在溺愛中成長的父親，將無法忍受自己不再成為眾人的中心。對於自認非得是家中目光焦點的人來說，孩子就是他的競爭對手。更何況，孩子一旦出生，母親有時必須片刻不離地照顧。家裡如果還有個自認受到孤立的父親，那可就傷腦筋了。

另一個問題是，彼此之間不是「丈夫與妻子」，而是變成了「爸爸與媽媽」。以孩子為主軸去構築家庭、並因此互相稱呼「爸爸」「媽媽」的兩個人，就算孩子不在身邊了，也仍然以同樣的稱謂稱呼對方。換句話說，因為已成為長久以來的習慣，所以即使孩子獨立後，也用同樣的稱呼。但這也意味著：把孩子置於夫妻之間、以孩子的角度去稱呼對方的做法，將讓雙方對彼此的感情產生變化。長時間共同生活後，有些人會失去對彼此的愛意，只剩下情分。

希臘哲學家亞里斯多德說：「哲學始於驚訝好奇。」戀愛也一樣。意識到與自己不同的想法、感覺，能讓我們的人生更豐滿；也正是這樣的驚訝好奇，才使得戀愛得以富饒豐盛。

只是共同生活的時間一久，這樣的驚訝好奇便消失了。該如何是好，我們之後再來想想。

第3章
「愛人」是怎麼回事？

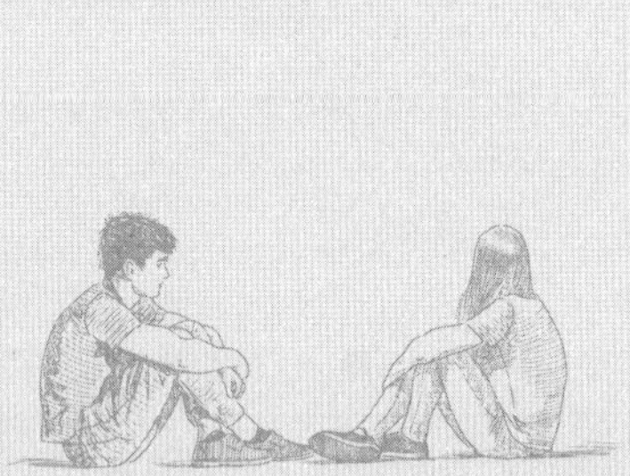

不是消除黑暗，而是用光照亮

目前為止，已經舉出許多戀愛或結婚時會出現的問題，這是因為我不想從「愛是什麼？」這樣的定義去探討戀愛。我認為，由發展不順利的各種實例去切入，能更了解箇中道理的人或許會多一點。

不過我要事先聲明，並不是只要排除前面所提出的各項問題，就可以天下太平。

為了明白兩人關係中的哪些部分會成為問題，終究還是得知道這段關係應有的樣貌。只不過，談到我們是否具體了解其應有的樣貌，答案卻又是否定的。我認為，關於「愛人」究竟是怎麼一回事、該如何做才對等等，似乎不太為人所知。

如果把焦點放在「現況是……」「希望有……的結果」，或「應該要……」等方向，就像是用光照亮暗處一般。黑暗不是物體，所以無法去除；要消除黑暗，只要照亮它就行。戀愛也一樣，不是試圖去除黑暗（問題）的部分，真正需要的是照亮它（知道正確的愛的方法）。

因此，這一章將依據前述那些戀愛或婚姻上的難關，來思考所謂的「愛」究竟是怎麼回事，進一步讓戀愛或婚姻不要帶來痛苦，更不用面對慘痛的結局。

愛是理智與熱情的結合

如同前面所看到的，那些認為戀愛是「陷落」的人，最是不會提問「愛是什麼？」的一群。事實上，儘管「愛是什麼？」這類提問並不是只要試著去思考，就能立刻得到解答的，但是「提出難以回答的問題」與「根本沒有提問」之間，還是有相當大的差異。

至於說到愛上某人的時候，是不是一定要知道「愛」到底是什麼，似乎也不是這麼回事。等到自己發現的時候，已經滿腦子都是那個人；不論睡著還是醒著，都一直在想對方的事。這種情形確實常常發生。

然而一旦將愛情視為「自然發生」，自己在愛的情感上就會變得無能為力。若視愛情為自然而然，當關係發展不順利時，就不用把責任歸於自己；總而言之，就是能說自己「心有餘而力不足」。但是相對的，也會讓自己變得無法重新建立或改善關係。

另一方面，如果能知道愛情並非自然發生，而且有餘力看清發生了什麼事的話，即使戀愛進展不順利，也能冷靜以對；只要冷靜下來，想必就能減輕戀愛的痛苦。

不過在這裡還是得說，所謂「冷靜的愛」這種說法是矛盾的。柏拉圖的《斐德羅篇》中談到，理智節制與愛欲熱情的結合體，才是哲學的精神。而「哲學（philosophia）」的原意是「愛（philo）智慧（sophia）」，從這層意義來論，也可說哲學的本質是愛，這樣的愛是理智與熱情的結合。至於「熱情」，也可說成狂熱，因為正在「愛」的人，多多少少是有些不理智的。

「分手的理由」俯拾皆是

有個學生來問我，因為工作的關係，好幾個星期無法與男友見面，好不容易再見面的時候，對方竟然說想分手，她問我這到底怎麼一回事。如果一直都有見面的話，期間也許發生過什麼讓彼此在心情和想法上有落差的事情，或是吵過架之類的，大概都還能找出對方想分手的理由。就是因為沒見面，才完全想不出是什麼原因。

不過就算有過爭吵，是否真的就是男友想分手的理由，那倒也不盡然。因為吵架雖然可能成為分手的引爆點，不過還是有修復關係不分手的可能性。因此，吵架並不是分手的決定性因素。

吵架雖然不會成為分手的理由，但是當彼此關係在吵架前就已不和、認為不可能再繼續下去的時候，的確有可能以吵架為開端，鞏固分手的決心。

為了支持分手的決心，或是說明自己為何改變心意，需要有些理由當靠山。說得出一番道理的人，應該比較容易說服對方吧！因為毫無理由就要分手，對方恐怕難以接受。所以不是因為某個原因才要分手；而是為了分手，必須找出理由才行。

在尋找分手的理由時，過去曾受對方吸引的原因，變成了現在無法繼續的導火線：溫柔體貼變成了優柔寡斷；穩重可靠、能帶領自己前進的人，變成了支配欲旺盛的人；甚至連嚴謹認真的性格，都有可能被視為拘泥小節、很囉唆。

並不是對方改變了，而是因為心裡認定無法跟這個人再繼續下去，為了找出分手的理由，才覺得對方看起來好像變了。無論任何事，就算過去認為是優點的部分，也會成為缺點，並藉此做為分手的理由。

戀愛裡沒有「為什麼」

在思考愛人究竟是怎麼回事的過程中，突然開始談起了分手這部分。這是因為我想要說明：愛一個人是沒有理由的。

假設你心裡有個心儀的對象。即使被問到：「為什麼喜歡那個人？」應該也答不出來吧？非說些什麼不可的話，大概也只能說：我決定要喜歡他。

當然，的確有些看似能影響這份決心的條件存在，像是交往或結婚時，一般認為「良好」的條件，例如：容貌、學歷、社會地位等等，但也有人完全不重視這些。除了漂亮的容貌會隨年齡增長而失去，如今這個時代，直到退休前都做同一份工作也不再是理所當然的：也許是工作一段時間後想辭職；公司停業、關門大吉的也不在少數；即使是年輕人，也極可能因為生病而無法繼續工作。

那麼，要是失去了這些條件，是否就不再喜歡那個人了呢？

如果在這樣的情況下，心意也不改變的話，那麼這份愛便是毫無理由的。只要下決心去愛，無論發生任何事相信都不會改變才是。

對真正的伴侶不會私心算計

前面曾提到，有些人在戀愛關係中會私心算計、犧牲他人。但如果是能成為真正伴侶的人，他的愛不會有任何理由，也沒有計較盤算；也就是說，真正的伴侶不會以「是否對自己有利」為標準來選擇對象。至於會思考「這個人對我是否有用處？」的，則可說是前面提到那種受溺愛的孩子的特徵。

前面也提到，阿德勒曾說過，在愛情中，能成為真伴侶的人，應該不認為有必要「犧牲他人，以誇耀自己的價值」，也不會從經濟條件，或以提升自己價值為目的去尋找對象。也就是說，即使真的與社會地位崇高、受世人尊崇的優秀人物交往，也不會因此誤認自己也是大人物。

愛會超越衝動

前面談到，愛一個人沒有理由，決心去愛即是全部。但也有人覺得，愛與那般決心並不相干，而是某種衝動的行為。他們認為，愛就宛如人們感覺憤怒、傷心流淚時的自然反應，是無法克制的。可是，愛既不是自然反應，也不是基於衝動或本能的行為。

不只是愛，大多數行為都不是無法克制的。比方說，我們應該不會因為肚子餓，就去搶別人手上的食物吧。甚至可以說，無論有多餓，一旦有人需要，我們還是會想把食物讓給對方。而且我認為，在那種狀況下，即使沒把食物讓出來，心中一定還是會強烈意識到自己應給而未給。

一般會有「終於忍不住了，突然爆發出來」這種說法，但怒火並不是自然反應。事實上不是「終於忍不住」，而是依當時的狀況瞬間判斷要不要拿出憤怒的情緒來。

例如，我們來想想看「被服務生手上的咖啡弄髒了西裝的男子大聲咆哮」的畫面。「西裝被咖啡弄髒」和「大聲咆哮」之間看似有因果關係，但如果打翻咖啡的是一位漂亮的女服務生，說不定男子不但不生氣，反而會面帶笑容表示沒關係。男子是在判斷「要不要生氣？」之後才發怒的。憤怒的情緒，也絕對不是自然反應。

愛也是一樣，如同前面提到的，愛雖然也有近乎狂熱且不合理的一面，但不是衝動促使我們動念去愛某人，而是「一開始就下定決心要愛他」，這種觀點才能給戀愛中發生的事恰當合宜的認知與解釋。

我討厭那個人，但是喜歡你？

有人會對喜歡的人說：「我討厭那個人，但是喜歡你。」想當然耳，這是要用「不喜歡他人」來當成愛對方的證明。不過，這真的能證明自己真心愛對方嗎？

弗洛姆說，愛人是一種能力。這項能力並非以特定的某人為對象，也不會排除他人。這麼說也許不是很恰當，但可以比喻成像是騎腳踏車的能力。有能力騎腳踏車的人，不論什麼樣的腳踏車都能騎。當然，對於腳踏車會有個人的好惡，但是選擇要騎哪一輛之前，還是必須先有騎乘的能力。

愛的能力也一樣。表明「我討厭那個人，但是喜歡你」的人，無法說已具備愛的能力。說得極端一點，可以解釋為「那個人也好，你也好，我其實都喜歡，但比較喜歡你」。如此一來，便會出現這樣比較是否恰當的問題。

話說回來，即使聽到別人對自己說「我討厭那個人，但是喜歡你」，應該也毫無被愛的感覺才對。因為這樣會讓人不得不懷疑：「你現在這樣對我說，搞不好什麼時候也會對其他人說出同樣的話。」

印度宗教哲學家克里希那穆提曾這麼說：

> 對某人有著滿滿的愛時，需要將他人隔絕於那份愛之外嗎？（《與孩子們的對話》）

克里希那穆提想要表達的意思也跟弗洛姆一樣，愛著某人時，不須將他人排除在外。

柏拉圖透過蘇格拉底說出：「愛酒的人，會用各種藉口好對所有的酒來者不拒。」（《國家》），至於拘泥於品牌的人，不過是喜歡那個品牌的酒，談不上是真正喜歡酒。愛貓的哲學家左近司祥子認同蘇格拉底的這番說法，並表示如果喜歡貓的話，不論野貓還是柔軟蓬鬆的波斯貓，什麼貓都會覺得可愛（《真正為生活的哲學》）。真正愛貓的人士想必可以理解這一點吧。從這裡，我們可以說，那種表示「我討厭那個人，但是喜歡你」的人，其實稱不上真正愛著他人。

博愛是可能的嗎？

前面提到的克里希那穆提曾說：「難道不是一開始先有了愛的感覺，接著才去愛著特定的某個人嗎？」將全面性的愛與針對特定人選的愛做出區別。

要是不先愛人——也就是如果沒有弗洛姆所說「愛的能力」——也無法去愛

個別的他人。

阿德勒對於愛的想法，與耶穌在《聖經》中所說「愛你的敵人」那種博愛（愛鄰人）相近，但是他又說，那些在溺愛下長大的孩子一定會問：「為什麼非要愛我的鄰人不可？這些鄰人愛我嗎？」（《自卑與超越》）。其實就算不是在溺愛中長大的人，應該也會想問：「其他人又沒來愛我，為什麼我必須去愛他們？」

曾和阿德勒共同進行研究的佛洛伊德就對「博愛」抱持疑問。他表示，如果是「如鄰人之愛汝，當愛汝之鄰人」的話，便毫無異議（《文明與不滿》）。不過如此一來，這種「你若愛我，我也愛你」的說法，任誰都能掛在嘴邊。

佛洛伊德也認為博愛是「理想化的教條」，違反人類的本性。他表示，不只是陌生人值不值得愛的問題，這還會引發敵意，甚至是憎惡感。

> 為何必須那麼做？那麼做有何助益？更重要的是，這樣的教條要如何去實行？是否果真有辦法實行？（《文明與不滿》）

然而擁有成熟生活型態的阿德勒卻認為，佛洛伊德的這般提問，是滿腦子只想著被愛的人才會提出來的。他以「即使不為任何人所愛，我也要去愛我的鄰人」來回敬（《自卑與超越》）。

關於「重要的不是被愛，而是去愛」這樣的想法，接下來會慢慢思考這一點。在此要先指出的是，愛並非自然而衝動的行為，另外，即使現實中的愛所展現出來的模樣與理想有差距，不過只要明白它應有的樣貌，就有可能改變現實中的愛。即便心裡覺得很難像那樣去愛人，但正因為與現實有差距，理想才得以是理想，也唯有理想，才能改變現實。

首先要擁有「非個人之愛」

精神科醫師神谷美惠子在年輕時經歷了戀人的亡故。在《關於人生的價值》這本書中，記載著下面這段話：

……人生，絕對、絕對再也不會回復到原來那般模樣了吧。啊——今後我該以何種方式、為了什麼活下去才好？

這篇文章原是引用自「失去原應共度一生的戀人」的少女札記，如今已有學者依據現存神谷的札記，證明這篇文章即是出自於她本人（《以失去為出發點——關於神谷美惠子》，太田雄三）。

神谷在札記中寫到，在那件事發生後，無論對誰、對哪位男性，自己都只能以非個人（impersonal）的方式去愛。所謂「非個人之愛」，意味著以毫無偏袒且公平的態度去愛。神谷醫師說，只能以這種方式去愛的自己生病了。

與「非個人之愛」相對的，就是「個人（personal）之愛」。用克里希那穆提的說法，就是「對特定個人的愛」。失去戀人的神谷醫師，變得無法去愛「特定的個人」。

有一天，神谷讀了德國醫師哲學家雅斯培的《世界觀的心理學》，書中某處所描寫的內容，簡直就像在說她自己似的。

那是一段宛如神谷自己曾遭遇過、有關失去摯愛的少女的記述：「從那之後，身為一個個體，她不再以個人身分面對他人。」（《以失去為出發點——關於神

谷美惠子》，太田雄三）

這裡所說的「個人」，以英文來說就是「individual」，意思並不是指一般所謂的人，而是無可替代的個體。

我認為，要以個人身分去愛別人之前，必須先要有「非個人之愛」為基礎。前面也提過，即使聽到「我討厭那個人，但是喜歡你」的說法，也不會覺得被愛，這是因為它雖然表明了「喜歡你」這種「個人之愛」，卻欠缺了「非個人之愛」。

「我可以愛你，也愛其他的人（非個人的愛）；但是愛你更勝於他人（個人之愛）」就是「愛」原有的樣貌，在個人之愛裡，必須要有非個人之愛為根基。所謂個人之愛，是在認知到非個人之愛的基礎上，由旁人無可取代且獨一無二的我，去愛同樣獨一無二的你。說出「我討厭那個人，但是喜歡你」這句話的人，他所愛的你，並非獨一無二的你，一旦心意改變，恐怕立刻就會愛上其他人。就此而言，他的愛並非真愛。

讓偶然相遇成為命中注定

哲學家三木清說，即使一切既是必然也是偶然，但所謂的命運難以料想（《人生論筆記》）。

人與人的相遇，的確是偶然沒錯。《涅槃經》當中有一段「盲龜浮木」的故事。有隻住在深海裡的巨大盲龜，百年才會浮現海面一次。正當盲龜要露出頭的時候，有一段空心的浮木漂到附近，牠的頭部便正好穿進了那個洞裡。這段話是用來表示絕無僅有的偶然。無論與任何人相遇，都是這般偶然，甚至讓人感覺可以提高到「命運安排」的層級。事實上，「命中注定的人」並不存在——並非真有命中注定的人，而是我們決定了對方就是那個人。

作家辻邦生說到第一次與同是作家的幸田文會面的經過。那一天，兩人以「人生中的『緣』」為題進行對談。當時的辻邦生約五十多歲，他說幸田口齒清晰、秀麗而神采洋溢。穿著夏季和服的幸田，挺直了背脊說：

今日當真是喜獲良緣。若按如常，我多半是無緣會晤辻先生的，因為我倆宛如分別身處不同世界，年齡也相差甚遠。我心想，這可是自己人生中第七十七個夏季迎來的難得緣分，所以來到了這裡。（《信件、書籤隨附》，辻邦生、水村美苗）

這份喜悅，是此生得以會見「如常」所見不到的人。在那之前的人生只要有一點小差池，大概就見不著了。

並非只要相遇，戀愛就能修成正果。若能將相遇的層次提高到「緣」的境界，便已超越了偶然。

準備求職的學生也一樣，選擇自己想上班的公司與職位時，不可能參加所有企業的面試。我的一位朋友後來工作的公司，就是某次面試當天，為閃避突如其來的大雨而躲雨的地方。如果沒有那場大雨，他應該也沒有打算進入那家公司工作；如果只是躲雨，卻沒有採取其他行動，這段躲雨的經歷想必也只會以偶然收場。但是這位朋友卻提高了層次，將「偶然」變為「緣分」。

戀愛也一樣，並不是等到見過所有人、經過一番比較討論後，才決定要跟某個人交往或走入婚姻。要不要提升層級，將偶然的相遇變成可以視為必然、緣分或命中注定的際遇，就看你自己。

沒有一見鍾情

要確認自己對某人的印象是否出於想像或與事實有無落差，其實只要聊個兩三句就很夠了。

由這件事看來，我認為沒有所謂的「一見鍾情」。哲學家森有正曾寫下自己第一次對某位女子懷著鄉愁般的思慕，並隱約感覺到些許欲望的經歷（《在巴比倫的河邊》）。事實上，森與心儀的女子沒說過半句話，夏天一結束，那位女士子便離開了。

對於那樣的一位女性，森有正「完全是在主觀的、與對方毫無接觸的情況下，打造出一副理想中的樣貌」。然而那理想中的樣貌並不是真實的她，只不過是森有正想像下的「原型」。

如果他們曾交談過，森有正心中的原型說不定就會破滅。就某種意義而言，兩人不曾交談或許反而是件好事，因為她得以藉著「原型」永遠活在森有正心中；但交往的對象如果是這樣的原型，那可就傷腦筋了。

邂逅

根據奧地利籍宗教哲學家暨猶太思想家馬丁．布伯的說法，人類看待世界的態度有兩種：一種是「我—你（Ich-Du）」的關係，另一種則是「我—它（Ich-Es）」的關係。在「我—你」的關係中，「我」是以完整的人格去面對「你」；在「我—它」的關係中，則是「我」以「它」為對象去經歷一些事。

這兩種關係的決定性差異，在於雙方是否有溝通交談。在這種缺乏言語溝通、將人視為「目的對象」的「我—它」關係上，看待對方就如同看待無生命的物體，而「一見鍾情」正相當於「我—它」的關係。在一見鍾情的狀況下，我與「它」沒有對話，視對方為目的對象。

換句話說，這不過是忽視對方本身，僅以過去認識的那些人為基準，來類推並看待初次見面的人。

另一方面，「我—你」的關係是以「完整的人格」去面對。那樣的相遇，並不是偶然在街上與「誰」擦身而過，而是我遇見了「你」——我藉著成為「我」與對方（也就是「你」）說話。這時，雙方才初次邂逅。

儘管用「相遇」這種說法來說明也可以，但之所以使用「邂逅」這個較難的詞彙，是為了強調這是一次特別的遇見。

這樣的邂逅不會只有一次，有時也會漸漸出現其他的邂逅。

「du」在德語中，是用於非尊稱的第二人稱代名詞。一般稱呼對方時用「Sie（您）」，當彼此關係親近時，才改用「du」。何時要改變稱呼，對雙方來說都是個重要的問題，這要看其中一方對於老是客套地用「您」來稱呼是否感到不自在，或是雙方覺得是不是該用「你」來互稱——也就是必須找個時機，拿出勇氣提出「可以用『du』來稱呼嗎？」的問題。

進入這樣的關係後，我就不再是以前的我。《聖經》裡寫著這一段：

現在活著的不再是我，乃是基督在我裡面活著。（《加拉太書》）

相愛的兩個人同樣可以這麼說：我已經不再是獨自一人時的我。我因為所愛的人而覺得自己活著、心愛的人在我裡面活著的這種感覺，大家想必可以理解吧。依照布伯的說法，當一個人從這最棒的瞬間走出來時，就已經不同於進入前的那個人了。雖然布伯用的是「瞬間」這個說法，其實對方從「Sie」變成「du」的那一刻起，雙方已是「沒有你便活不下去」的狀態。

愛是「流動的」

弗洛姆指出，在西方語言中，比起做為動詞，更常當成名詞使用的一個例子，就是「愛」。這個名詞不過是代表「愛」這個動作的抽象意涵，卻被切割抽離於人類之外，並被實體化（《占有或存在》）。問題就在於：明明只有名為「愛」的行動，卻覺得好像還有其他的「愛」似的。

行動或過程並無法「占有」，只能體驗而已；也就是說，愛只能經歷，無法擁有。這樣的體驗宛如不斷流動的東西，時時刻刻都在變化。由於愛無法占有，因此不會一旦愛上誰，便結束這個過程；換言之，愛是沒有辦法「原封不動保存下來」的。而只要愛是一種體驗，努力更新便是不可少的。這樣的努力也是以「建立雙方良好關係」為目標，絕不該是痛苦的事，甚至可說是愉悅欣喜的努力。

由於愛是一項行動、過程，所以無法「占有」。人們一旦將「愛」視為能「占有」的物品時，便不會努力想被愛或愛對方。

生命時間

如果不再努力去愛，彼此之間流動的時間將無法成為「生命時間」。「生命時間」這個說法，來自於法國精神醫學家尤金・閔可夫斯基。意思是付出努力的兩個人，可以在同一場所共享生命時間。

雖然擁擠的車廂內也可說是「在同一場所共享一段時間」，但這種純屬偶然而處於同一空間的情況，是無法共享生命時間的。

相對於「生命時間」的，則是「死寂時間」。通勤列車裡，我們與鄰座的人毫無關係，甚至為了表示真的沒有任何關係，還會看看窗外的景色、讀讀書、盯著手機，這都是為了讓其他人知道，自己和旁邊這個人一點關係也沒有。像這種時候，各自的時間各自流逝著，對於想盡快抵達目的地的人來說，漫長的通車時間簡直就是痛苦折磨。

相較於此，生命時間是共享的，那樣的時間也不是時鐘可以計量的。借用哲學家鷲田清一的說法，藉著與他人在時間上的揉合與共享，雙方之間首次建立起關係（《「傾聽」的力量——臨床哲學試論》）。

然而卻不是只要愛著對方，就能自動共享這樣的生命時間。不如說，當我們感覺得到彼此共享生命時間時，就會產生「愛」這種情感，但如同前面所見，它是流動的、是一種過程。如果兩人能在一起的話，就必須讓這段時間「有生命」，而不會因爭吵等緣故，使得時間死去、停滯。

雖然這裡寫的是「共享同一場所與時間」，但其實就算不在同一個地方，也可以共享時間。

就像前面提到過的，留學期間，和辻哲郎每天都寫信給妻子。雖然妻子讀到的信件是一個月前寫的，但在讀信的那一刻，即使無法共享空間，兩人想必也能共享生命時間。

「占有」與「存在」

弗洛姆將人類的基本存在方式分成兩種，也就是「占有」與「存在」。

我的母親四十九歲時就因為腦梗塞過世了。當她長期失去意識、躺在病床上時，我在陪病中所思考的事，用弗洛姆的話來說就是這樣：

「像母親這樣無法動彈，就算『占有』金錢或名聲，也都沒有任何意義了吧？即使在這種時候，還能認為有活著的意義嗎？」

針對這個提問，雖然當時無法立刻想出答案，但是我認為，弗洛姆所說、從「占有」到「存在」的移轉，將是解決問題的關鍵。

我就是我自己所擁有的東西，一旦失去自己所擁有的，屆時，我會是什麼？

（《占有或存在》）

弗洛姆接著說了「然而」。在「存在」的形式中，根本不必擔憂失去自己所有的東西。因為，「我」並不是被占有的物品，而是屬於「存在」的。

然而，關於占有，所占有的物品將隨著使用而減少，存在卻會因為實踐而增加。（同前書）

弗洛姆說，《聖經》中「燃燒的荊棘」正是這段反論的象徵。有一次，摩西來到上帝的山——何烈山，耶和華的使者出現在荊棘的火焰裡。仔細一看，荊棘雖然被燒著，卻很不可思議地並未焚毀（《出埃及記》）。

愛就是典型的「存在」。燃燒的火焰象徵著上帝的愛，能持續不滅；至於人類的愛，則必須為了避免燃燒殆盡，需要添加柴薪——意味著愛的更新，是需要實踐的行動。人類的愛雖然需要更新，但因為不是「占有」而是「存在」，所以不會枯竭。

嫉妒，是將愛視為「可占有物」所引發的情感。無論多喜歡那個人，愛卻始終是「存在」，也是流動的，所以我們無法占有對方的意念，甚至拴住它。

話說回來，恐怕沒有人能夠確信自己的想法永不改變吧。即使眼下熱衷著迷，心意卻還是會在不知不覺中轉變。也正因為明白這一點，人們才會為了永遠的愛立下誓言。

所謂永恆，即是活在「當下」

喜歡上某人的時候，應該沒有人會完全不去想「這份愛將持續到何時」吧？雖說「直到死亡將兩人分離」，但往往在死亡來臨前就已分手。

即使關係良好；又或者說，正因為關係良好，才會為了彼此的愛情今後將如何發展感到不安，並祈願眼前這幸福的瞬間得以永遠持續下去。

只是依照弗洛姆的說法，這樣幸福的時間同樣是無法「占有」的，只能在「當下」體驗。過去早已不在，未來還沒到來。時間不可「占有」，只能在「存在」的形式中體驗。

相愛的彼此會為愛立下永恆的誓約，但幸福的兩人所祈求的「永恆」，並非將眼前這瞬間無限延伸般、那種時間上的「永恆」。關於「永恆」這個概念，我認為弗洛姆的說法是很恰如其分的：

> 擁有愛、喜悅與真理的經驗並非發生於時間之中，而是在當下。當下即是永恆，也就是沒有時間性。（《占有或存在》）

比方跳舞的時候，由於舞蹈本身即有其意義，應該沒有人是想藉著跳舞移動到哪裡去的吧。就舞蹈的結果而言，雖然最後會抵達某個點，但跳舞並不是以「前往某地」為目的。如果是為了要移動，根本不必跳舞，只要走路就行了。

愛的體驗就像跳舞時的愉悅感受。舞蹈不可能一直持續下去，音樂停止時，舞蹈也跟著結束。但是跳著舞的那當下，並不會去想這場舞將持續到何時。亞里斯多德稱這種像舞蹈般的行動為「實現」（《形而上學》）。

相對於此的，則是「變動」式的行動。變動式的行動有起點和終點，就尚未抵達終點這層意義來說，抵達終點前的行動過程，是未完成的、不完全的。

至於在「實現」方面，「正在進行中的動作」本身就是「已經完成的結果」。

像舞蹈這樣的實現式行動，即使沒有抵達某一處，舞動的每一個瞬間仍都是完成式。

所謂的人生，也是「實現」。雖然一般會以出生時為起點、死亡為終點，但事實上，人生是否就只能以這種角度來看待，卻不盡然。

如果問問年輕人：「你覺得自己目前處於人生中的哪個階段？」他們會說自己離人生的折返點（壽命的一半）還很遠。但誰都不知道自己可以活到幾歲，因此說不定早已超過折返點。

只不過，這充其量是以有起迄之分的「變動」式行動來看待人生，如果以「實現」的觀點來解釋人生，我們處於人生的「哪裡」就不再是問題了。因為人生無論何時都是完成式，談到英年早逝者時常用的「未竟之功」等說法，也就不具任何意義。

愛的體驗也是「實現」。換句話說，沒有所謂的開始與結束，愛的任何階段都是完滿的。在這個當下、在不具時間性的情況下所產生的愛的體驗，究竟能延續到何時，完全不是問題。

藉由愛的體驗，並非將時間延長，而是以不具時間性的方式置身於永恆的兩個人，對人生也會有一番不同的見解。

人總有一天要死；死亡，則以威脅幸福的姿態現身。死亡之所以可怕，是因為只要還活著，就沒有人能體驗到那是怎麼回事。但如果現在可以與心愛的人活在永恆裡，死亡到底是什麼東西就不再是問題——因為只有活在「當下」才重要。

就「任何人都必須獨自死去」這一層意義來說，死亡是絕對的孤獨。森有正表示：「若死亡是絕對的孤獨，始於生命中的這份孤獨便是死亡的預兆。」（《在巴比倫的河邊》）不過，在這生命裡的「愛的體驗」卻是能與孤獨抗衡的東西，由此，我們可以說：愛的經驗不只是永恆的預兆，它就是永恆。

不成熟的愛

很多人在乎金錢或東西的擁有。弗洛姆曾說過以下這段話：

一心只顧著蓄積留存並唯恐有所錯失的人，不論擁有多少東西，從心理學上來

說，就是窮人。（《愛的藝術》）

弗洛姆指出，貧窮一旦超出某個程度，就無法付出，也會失去付出的喜悅。事實上，即使在這種情況下，還是有辦法給予。因為最重要的部分不在於實質的物品，而是人性的範疇。

如果不是物品，那麼可以給些什麼呢？弗洛姆是這麼說的：

> 將自己、自己最重要的事物，還有自己的生命給出去。（同前書）

這不是要我們犧牲生命，而是要付出自己最具生命力的東西。

> 自己的喜悅、興趣、理解認知、知識、幽默、悲傷等等，給出自己身上所有具生命力的部分。人類藉由如此付出自己的生命，使他人豐盛；藉由提升自己的生命感，也使他人的生命感昇華。（同前書）

孩子雖受到父母疼愛，但因為父母對子女的愛是無條件的，因此子女毋須為了受疼愛而非做什麼不可。這樣的經驗是被動的，對於「認定自己有價值」來說，能感覺到自己不必特別做些什麼，生命與存在就已獲得他人認同，是個重要的起點。一般而言，父母都會如實接受子女的存在。

自己的生命如果能安然獲得接納，便可積極正向地看待人生中的任何事。不論有什麼狀況、生了病，或是與父母心目中的理想背道而馳，都不會成為問題。就父母能這樣看待子女這層意義來看，我們可以說，子女光是活著，就已經對父母有所貢獻了。

過了一段時日後，孩子們不單只是接受父母疼愛，也會萌發出全新的感受：自己也想做些能創造愛的事情，想送給別人什麼、創作詩詞或繪畫等等。弗洛姆認為：

> 生平第一次，讓愛的概念由被愛轉為去愛，也就是轉變為創造愛。（同前書）

年幼時，會以弱小、無力、生病或是乖孩子的姿態試圖受人疼愛。到了青春期，透過去愛，發掘自己具備創造愛的能力。弗洛姆又說：

> 幼稚的愛依循著「因為被愛，所以去愛」的原則，不成熟的愛是「因為需要你，所以愛你」，而成熟的愛則是「因為愛你，所以需要你」。（同前書）

似乎有許多人的愛還未能達到成熟的階段。無論是誰，都會有「因為需要你，所以愛你」的想法；然而從不曾考慮「因為愛你，所以需要你」的人，應該還是很多吧？

更進一步來說，懂得成熟之愛的人，想必連對心愛的人表示「需要你」都覺得沒有必要。

並非「平等互惠」

雖然阿德勒曾說，夥伴關係基礎中的平等互惠（give and take）很重要（《自卑與生活》），但要是依循前面的脈絡來看，平等互惠就不再那麼重要了。

即使是「不光是獲得，也給予對方什麼」的人，一旦要求「我為你做了這些，所以你也要付出同等回報」的話，這就不是戀愛，而是交易了。在戀愛關係上執著於平等互惠是很奇怪的事。

不只是戀愛，事實上，整體而言，人際關係並不是平等互惠的，親子關係也一樣。縱使父母對子女說：「我為你做過那麼多，你要回報我。」子女也只能兩手一攤，因為身為子女的人，不可能一一回報所有父母曾給予的事物；就算想盡孝道，也還不了父母給予的一切。相信父母也不會對子女抱持這樣的期待。平等互惠，是不可能成立的。

若真要償還自己曾獲得的，對象不一定要是父母。如果結婚、有了小孩，只要把父母所給予我們的那些回報在子女身上就行；如果沒結婚，也可以透過工作等方式還愛於社會就好。

若要將平等互惠視為人際關係的基礎，就必須以這般形式，將自己領受過的一切回報於他人身上。

失戀之所以痛苦，就是因為以平等互惠的觀點去思考戀愛這件事。相對於自己所給予的愛，因為得不到相應的回饋，所以痛苦；然而要是說到，如果早知道對方愛自己並不如自己愛對方那麼多，是否一定會放棄，卻又不盡然。對於那種「不論對方如何對待自己，都能毫不在意去愛」的人來說，失戀是不存在的。

若能在領悟到「並不是非我莫屬」、且對方心裡根本沒有自己的事實時，便立即放手的話，相信沒有人會為這種事而苦惱，因為只要立刻找下一個對象就行了。失戀的苦惱，正是在於「就算被甩了，也鬆不了手」。

另一方面，對於無論對方如何看待自己都能去愛的人來說，失戀原本就不存在。

對他人開放的我

人們會喜歡上某個人，是因為活在人際關係之中。人，存在於「人與人之間」，單獨一個人是無法構成「人間」的。

在這邊，我要引用神學家八木誠一的「面向（front）構造理論」（《追求真正的活法—共存的面向構造》）。這個理論是這樣的：

在面向構造理論中，以四邊形來代表人類。人在與他人接觸的時候，是以四邊形的「邊（面向）」去接近、貼合的；且四個邊之中，有一邊不是實線而是虛線。虛線的這一邊（面向）是對他人開放的，所以與他人接觸時，也會用這一邊（面向）去靠近，並使得虛線能藉由與他人（的另一條虛線）接合而填滿。

嬰兒受到母親的照顧，母親接受丈夫的支持；在此同時，丈夫也得到妻子的扶持。至於小嬰兒，當然也不只是單方面接受父母扶助的存在，他同樣可以成為父母的支柱。深夜返家時，雖然孩子已經睡了，但是一見到孩子熟睡的臉龐，疲憊盡消。這時候，孩子便支撐著父母。

在這樣的關係裡，人類並非自己單獨存在，也不完整，必須依靠他人來填補自己的「虛線」——意思是，人與人是互相連結的。

戀愛中的兩人也一樣。不再是自己單獨活著，而是覺得光是自己一個人無法存活；只是這樣反而會變得互相依賴，因此在精神上還是必須自立才行。不過話說回來，人無法單獨存在，為了讓自己能夠「完成」，必須有他人存在，而自己也必須支持他人。

至於身處戀愛關係的時候，這個促使自己成為完整個體的對象，可不是任何人都行。

無可替代的你

就這個角度來說，對自己而言，心愛的人的確是「無可替代的你」沒錯，但由於自己也是一個「面向（邊）」，所以對於對方來說，自己同樣是「無可替代的你」。

如果是工作的話，必定有人可以取代自己。對那些以工作為傲的人來說，這個觀點或許難以認同，但就算自認「公司沒有我就會立刻停擺」，現實中也不會發生那樣的事。

因為真正有能力的人，同時也會是能幹的教育家；就算是當初由自己一手包辦的工作，也應該教導其他人、讓他們也能處理才對。如果公司少了自己就會停擺，表示這個人並沒有提攜後進，根本稱不上有才幹。

但是在戀愛方面，並不允許有人取代自己。要說到失戀之所以令人痛苦，就是因為領悟到「對那個人而言，並不是非我莫屬」。相對的，當自己被選上的時候，因為知道自己對對方來說是無可替代的人，所以覺得開心。

只不過，如果因為「被選上」而感到開心，並藉此首度擁有自信，那麼自己的價值就會變成「必須依附於對方」的存在。事實上，就算對方不認可，自己也不會因此變得毫無價值。

沒人愛的寂寞感

知道自己能在他人心中占有一席之地，想必是令人開心的事吧。但這其中有兩個問題：

第一個問題是，一旦希望自己能在對方心中占一席之地，就會期待被對方所愛，甚至要求對方如同自己愛著他那樣，也愛著自己。但能否受到對方疼愛，是取決於對方，不是自己可以決定的。

如果因為對方不能如同我愛他那般愛我，我就再也不愛他的話，那就不叫做愛，而是交易。愛不是交易。關於「公平互惠」原則在戀愛上不成立的說明，可參考前面的章節。

另一個問題是，要是自己並未在對方心中占一席之地、就無法認定自己有價值的話，自己的價值就變得必須仰賴對方才能存在了。

期待對方「心裡有我」的意思，不過是「希望」就對方而言，自己的存在很重要。如果能不去管對方是否真這麼想的話，就不會有問題；但如果必須視對方如何看待自己，才能認為自己是否有價值的話，就會是個問題。因為對方如何看待你，與你的價值毫無關係。

為了不變成依存關係

重要的，是認為「自己一個人也能過日子。但兩個人在一起的話，就能擁有共享相同經驗的快樂」。如果雙方都能這麼想，就可建構理想的愛的關係，而不是依存關係。即使不為對方所愛，也不代表自己消失不存在；更不是因為對方愛自己，自己才存在。應該這麼想：對方的存在，強化了自己的存在。

神谷美惠子說過下面這段話：

> 活在愛裡的人，不論是否獲得他人感謝，覺得自己是對方生命中所必需的時候，就會強烈感受到個人生命的張力與價值。（《關於人生的價值》）

若能感覺到自己對他人有所助益、擁有貢獻感，就會認為自己有價值。阿德勒說：「人只有在覺得自己有價值的時候，才具備勇氣。」這裡的勇氣，是指進入人際關係的勇氣。談到為何進入人際關係需要勇氣，那是因為，對方不見得必然接受自己的心意，我們也可能遭到拒絕。於是乎，與其被他人拒絕而受傷，還不如下定決心不要進入人際關係。

只是，要下這樣的決心需要理由。因此，沒有勇氣的人便會認定「自己沒有價值」，並以此為藉口，心想：「就連自己都不喜歡自己，別人又怎麼會喜歡這樣的我？」企圖藉由這種想法肯定沒有勇氣進入人際關係的自己、予以正當化。

戀愛也一樣。即使已經進入戀愛關係，還是會擔心進展不順而感到不安，或害怕受傷，於是認定自己沒有價值。

很在意是否獲得對方認可的人，一旦知道對方不認同自己，就不會再想對那個人付出了。努力想讓他人接受自己心意的人，在知道對方對自己沒有好感的當下，便會立即翻臉走人。那樣的人，心裡其實是渴望被愛的。同時也可以了解到，直到明白別人不愛自己之前，他們會那麼奮不顧身，也都是為了被愛。

真正了解愛的人，不會要求回報。如同神谷所說的，如果能認定自己是對方生命中所需要的，即使沒有得到對方的感謝，也能感覺自己有價值。

更進一步來說，真心真意愛他人的人，甚至連「自己是對方生命所需」的那種感受都不需要。

擺脫以自我為中心

自己是否被愛？別人如何看待我？這種受到「以自我為中心」束縛的想法，

會在戀愛方面衍生出許多問題，就如同第一章內容所談到的。

剛誕生在這世上時，如果沒有父母照顧，誰都無法獨自存活。因此，每個人一開始都認為自己是世界的中心；這意思是說，起初大家都是以「世界的中心」自居而活著，但是總有一天必須了解到，自己其實並不在世界的中心。

受溺愛的孩子往往認為，自己就算什麼都沒做，也理所當然能獲得他人的給予，只要大人還會照顧自己，應該就會把他們認定為自己的夥伴。可是當自己能做的事越來越多的時候，大人就不會再幫忙了。這時候，孩子開始知道，大人並非為了滿足自己的期待而活。

為了自立，孩子必須明白：這個世界上不是只有自己一個人活著，還有其他人的存在。或許有人會覺得：這種事還用說？這不是理所當然的嗎？但我認為，似乎有很多人並不知道，還有其他與自己具備相同資格的人活著。

由於他人和自己都是以同樣的資格活在世上的，所以不能將他人視為自己達成目的的工具。他人不是為了滿足我們的期待而活，當他人不依我們的期待行動時，沒有道理因此生氣。當然，同樣的標準也可以套用在自己身上，我們沒理由非得滿足他人的期待不可。

那麼，人們在何時才知道，這個世界上除了自己之外，還有其他人活著？是從開始愛上某個人的時候開始。

處於他人並不存在，或至少對自己來說並不重要的存在時，無論做什麼、考慮什麼，人生的主詞都是「我」，所追求的幸福是「我的幸福」。然而，一旦開始愛上某人，人們就擺脫了這樣的狀態。人生的主詞將由「我」變成「我們」。

明白了真正的愛，就會覺得光是「我」自己活著也毫無意義。正因為有自己所愛的人，才頭一次感覺到人生值得一活。

所謂的自立，絕對不是指自己獨活，或是能憑自己的能力處理自己的事；不如說，不是為了「我自己」著想，而是為了「我們」，並能正面接受課題的挑戰，以達成「我們」的幸福。

雙方有所共鳴

為了讓主詞成為「我們」，有許多問題必須克服。

如果彼此毫無關係的話，什麼事都不會發生。當兩人一靠近，便會出現其中一方或雙方試圖支配對方的情況；若是距離太靠近，也有可能變成互相依賴。我們可以說，這不只限於戀愛，而是所有人際關係都會出現這種情形，只是戀愛時更會由此衍生出許多問題。

既不是支配他人，也不是抹滅自我迎合他人，而是以自己原有的樣貌自立，彼此的關係就像互為不可替代的存在。難道我們無法像這樣與他人互動嗎？

森有正寫過下面這段話：

里爾克的名字在我內心隱蔽的某處引起了共鳴，讓我同時明確而且毫不含糊地感受到自己真正盼望的是什麼，還有自己距離它到底有多遙遠。（《里爾克的共鳴》）

森有正表示，自己光是聽到里爾克這位詩人的名字，馬上就引發了內心的「共鳴」。

森有正在這裡所說的「共鳴」，可以成為「人際關係應有樣貌」的提示：不是支配或受支配，而是雙方以完全自立的原有樣貌，使對方產生、甚至引發共鳴。

這裡所寫的「完全自立的原有樣貌」，並不是互不相干的意思。如果是那樣的話，彼此就會像擦身而過的陌生人，無法造成任何影響。

前面說過，人，絕對不是獨自存活，而是處於與他人的關係中；既受他人扶持，同時也扶持他人。這種樣貌，我想以「互賴」來表示。

這並不是所謂的「關係成癮（或稱「共依存症」）」。在互賴的狀態下，雖然大家各自都是獨立自主的，但就存在的層級來說，並不是光靠自己就能「完成」，為了統整自我，必須藉助他人的力量；而且因為他人也需要我們，所以要去支持對方。

在這種涵義下的互賴，是以共鳴的形式建立與他人的關係。其中沒有支配、受支配的關係。自己所具備的東西，在相應的對象心中引發共鳴，自己也進一步產生共鳴。於是乎，就算不能常在一起或分隔兩地，依然可以互相影響。

與德國作家露．安德列亞斯．莎樂美有過熱烈情感交流的某位男士，從莎樂美身上獲得靈感，僅僅花了九個月便完成著作；曾與她深交的尼采、里爾克也同樣由莎樂美獲得靈感啟發，完成了書稿、詩作。

相信很多人即使不曾寫書，也有過一段新戀情開始後，連閱讀的書籍或所聽的音樂風格都跟著改變的經驗吧。這種時候的改變是自發性的，並非處在強迫的情況下。從自己開始關注那個對某項事物感興趣的人起——說得更準確些，也就是從開始關注對方所關注的那一刻起，自己內心就會產生一種以共鳴為形式的變化。

這裡的共鳴，若說成「頻率一致」，或許比較容易明白。閱讀一本書的時候，起初可能會很難理解書中所說的意思，但漸漸再往下讀，就會有如和作家的頻率對上似的，馬上就能明白作家想表達的內容。這也可說是共鳴的一種型態。

阿德勒心理學中有一個重要的概念——社會意識。阿德勒以「用他人的眼睛去看、用他人的耳朵去聽、用他人的心去感受」來定義社會意識（《自卑與生活》）。其中「用他人的心去感受」，可說是「同理心」。產生同理心時，雙方之間也就引發了共鳴。

如果說，對愛與婚姻做好充分準備的人很少，那是因為許多人並未學過在這種意義下的社會意識。

愛，要在頻率一致、互相以彼此的心去感受的關係中，才得以成立。

愛要追求自由

當我在課堂上對學生說出以下想法時，大概都會被他們回敬一句：「這種事做不到！」也就是：如果自己喜歡的人和他喜歡的對象（但不是自己）在一起是幸福的，而自己也能為此感到開心的話，那就是愛。

阿德勒說，「更加關注我們愛他勝於自己的那位伴侶的幸福」是很重要的。

有一首歌叫〈為我留下最後一支舞（Save the Last Dance for Me）〉。歌詞的意思是「你可以和其他喜歡的人跳舞，但希望你將最後一支舞留給我」。沒有自信的人會試圖綁住對方，不讓他從自己身邊逃離。但必須知道的是，越想束縛對方，越會讓對方遠離自己。森有正曾說過：

> 愛要追求自由，但自由必然會增加風險。（《迎向沙漠》）

當我們體會到「不受對方束縛」的自由時，就能強烈感受到容許自己有此感受的那個人的愛。愛是要追求自由的。當然，一旦不束縛並容許對方自由時，對方的心思就有可能轉向，甚至愛上別人。

但我們不能為了避免發生這種狀況，而去束縛對方，那將使得愛與它原本應有的樣貌相去甚遠。

的確，當對方自由的時候，是有可能將心意轉向他人，但這並不代表只要是自由的，必定會移情別戀。倒不如說，只有在彼此都是自由的情況下，真愛才能實現。屆時，兩人之間所引發的，即是前面所提到過的共鳴。

唯有具備勇氣的人，才得以實現愛

阿德勒說，有勇氣的人將成為愛情中真正的伴侶。因為那樣的人既不害怕失去愛，又可望豐富另一半的人生：

鞏固愛的唯一方法，就是學習去豐富伴侶的人生，使對方身心安適。

在這裡必須注意的是，阿德勒並沒有說要豐富「自己的」人生，使自己安適。只考慮「這個人能否豐富我的人生」之類的問題、只想著要從對方那裡獲得些什麼的，稱不上是愛。

懂愛的人，「比起自己，更在意心愛伴侶的幸福」。這正是前面所說的社會意識。

阿德勒表示，接受友情的訓練也是為了婚姻做準備（《自卑與超越》）。那是因為，透過友情的建構，可以發展出社會意識。如果想著「我能為對方做些什麼」「要豐富對方的人生」，就毋須害怕失去愛。懂得愛的人，不可能不祈求對方得到幸福；當然，這並不意味著要犧牲自己。

阿德勒是這麼說的：

> 唯有秉持「給予」的態度時，才會成功，這看來便是愛與婚姻不變的法則。

（《人為何罹患精神官能症》）

付出愛的人，不會害怕失去愛；因為害怕失去愛，所以只說或做讓對方滿意的事，那並不是愛。對方犯錯時，必須提出糾正，不可以想著「要是說了這些，對方可能會生氣」之類的事、擔心被討厭。會那樣想的人，他的愛並非真愛。

愛是一種能力，也是勇氣。只要明白了前面所提到的這些愛的本質、具備實現的勇氣，你的愛，必定會帶來幸福。

第4章 獲得幸福的「愛的技術」

用愛豐富人生

最後讓我們具體來想想，如果要透過戀愛獲得幸福，該怎麼做才好。

在第一、二章，已經思考過「為何兩人的愛窒礙難行」。看過各式各樣的問題後，可以預想各位會認為，基本上只要將那些問題點推翻就好。

但「當雙方關係出現問題時，是否只要排除問題，關係就會變好」，則又未必。因為除去問題後，如果對彼此該建立什麼樣的關係沒有明確的概念，一個問題才剛解決，又出現其他問題的可能性很高。

因此，為了思考我們應邁向的目標，在第三章為各位說明「愛究竟是什麼」，以及愛就是「擺脫自我中心」、完全為對方「付出給予」、建立相互共鳴的關係。

如同本書最初所說的，愛的問題是能力的問題，更進一步來說，是技術的問題。在最後一章，我想根據目前為止所提過的內容，具體論究該如何呵護維繫兩人的關係。只要懂得這樣的方法和技術，愛的經驗必定能使人生豐盛、活得有價值，更能進一步透過這樣的經驗獲得幸福。

說清楚，講明白

首先想想：戀愛關係是從哪裡開始的？

曾有人找我商量告白時該說什麼好。

舉例來說，有人這樣問我：「我打算簡單一點，就說：『我喜歡你。』您覺得如何？」

對此，我的回答如下：

「感覺上對方很可能回你一句：『這樣喔。』就沒有了。要不要試試看明確說出希望對方怎麼做呢？」

如果問到為什麼「我喜歡你」這種說法達不到效果，那是因為儘管試著向對方傳達心意，也確實是自己內心的一番表白與陳述，但其中並未包含針對對方的任何主張。因此，當對方聽到「我喜歡你」這句話時，也只能回答：「這樣喔。」

那些認為自己即使不用清楚表示，對方想必也能察覺「我希望你怎麼做」的人，就會採用這種方式。

但事實上，不只是愛的告白，當我們試圖提出任何主張時，如果不單刀直入的話，往往達不到效果。比方說，提到「今天很熱呢」的時候，很可能不只是單純說明天氣熱這件事，而是「因為很熱，希望你開個窗」，或是「可不可以幫忙調降一下空調的溫度？」的意思。如果是懂得察言觀色的人，也許會立即明白這句話背後真正的意圖，於是幫忙開窗或降低空調的溫度，卻不能期待對方一定會這麼做。

像是「肚子餓了」的說法也一樣。這種情況下，雖然其中可能隱含了「你可以做點吃的嗎？」或是「可不可以去買點吃的東西回來？」的意思，但如果沒有明確地說出來，便無法傳達給對方。隱含了這些想法所說的「肚子餓了」，很可能只得到「是喔……我也是」的回答。不過可不能因此而責怪對方，有什麼希望對方做的事，就必須清楚明白地說出口。

當然，即使開口：「你可以做點吃的嗎？」對方也不一定就會同意，說不定還會冷冷地回你一句：「怎麼不自己做？」但終究值得一問。

回到原來的話題。在我對前來商量的那人說明，不能只表示「我喜歡你」之後，他又問了：

「我懂了。那我就說：『你可以喜歡我嗎？』這樣如何？」

的確，對方如此被問的時候，是可以回答「好」或「不行」。比起剛才那種期待對方善解人意的告白方式，或許算好一點吧。

但儘管用這種問法，對方也未必會給你肯定的答覆，還是有可能對你說「不行」或「我討厭你」。

其實，要是被對方說「討厭」，反而還有脈絡可尋。因為對方能這麼說，表示他必須先和你建立某些關係，或有情感上的交流才行。相較於「我根本不認識你」這種回答，彼此的關係可說近得多。

此外，就算聽到對方說「討厭」，仍然可以追問：「那要怎麼做，你才不會討厭我？」不只是告白，當必須傳達的內容沒有確實傳達出去時，就連能改善的部分都改善不了。

只不過，我們應該思考一下，是否每開始一段戀情，就必須像這樣向對方表明心意？儘管有不少人認為，談戀愛時一定要有愛的告白，但其實未必。

即使不了解彼此，也不了解彼此的想法與心意，兩人的關係一樣可以發展。不如說，一開始其實並不清楚自己對那個人有什麼感覺，直到交往後才真正明白，這才是真實的情況。

如果是朋友的話，大多數情況下，往往是彼此在不知不覺中變得意氣相投、漸漸拉近距離的。不論是友情或戀愛，在人際關係這一點，基本上沒有太大差異。因此我認為，談戀愛的時候也依循這樣的模式就行。

是否建立了對等關係？

前面提過，愛與尊敬是無法強迫的。姑且不論愛的告白是否真的有其必要，如果像這樣，因為該如何告白而感到困惑，表示心裡並不認為對方理所當然會愛自己，而這正也是以對等態度看待對方的明證。

有人會在不知不覺間忘記了當初那種純真無邪，認為受疼愛是理所當然的，即使吵了架、心已走遠，也不會因此特別有危機意識。這樣的人，與其說是相信對方的愛堅定不移，還不如說根本就認定了對方不可能改變心意，是以「上對下」的姿態看待對方。

阿德勒曾說過：

愛與婚姻的問題，唯有在完全平等的基礎下，才能圓滿解決。（《自卑與生活》）

早自一九二〇年代起，阿德勒便提出「理想的人際關係必須平等、對等」的概念。相信很多人都認為這是理所當然的，然而實際上，相愛的人之間能建立對等關係的反而很少。我認為，有許多人即使嘴上說著「已經建立了對等關係」，卻不過是未曾注意到自己心裡那種「我在上、你在下」的想法，並沒有以對等的態度看待對方。

如果能察覺到彼此之間並未建立對等關係，就有辦法改變目前的狀態；要是完全沒注意到自己試圖比對方占上風的姿態，要改變關係恐怕就很難了。因為當事人根本感受不到改變的必要性。

眼前與某人的關係若是不太和睦，我們就有必要反思一下：彼此之間是否尚未建立對等關係？接下來，想為各位說明有關「愛的技術」。而在談論技術之前，首先要問的，就是雙方是否都以對等的態度看待對方。

關注對方

讓我們具體來想想所謂的「對等關係」究竟是怎麼一回事，以及該怎麼做才能建立這樣的關係。

首先，要關注對方。阿德勒說，這些「另一半」必須關注對方更勝於自己，而這同時也是愛與婚姻獲得成功的唯一基礎。此外，更關注於對方時，雙方關係必定是對等的（《自卑與超越》）。

如同在第一章所看到的，兩人關係不和睦，就是因為只在意自己，而不關注對方。就第三章的解釋來說，這樣的人大抵擺脫不了自我中心。

「關注（感興趣）」的英文是「interest」，這個字來自於拉丁文的「inter esse」（「est」是「esse」的第三人稱單數），是「在其中（在……之間）」的意思，也就是說，所謂的「感興趣」，意味著對方與自己「之間（inter）」有所關聯。

有些人對社會上的事完全不關心。舉例來說，不關心政治的人並不認為政治會給自己的人生帶來什麼影響。因為認為政治與自己「之間」毫無關係，所以不抱持任何「關注」。

人際關係也一樣，只要認為對方不論發生任何事，都與自己完全無關，就一點也不會在意。即使兩人之間開始產生裂痕，有些人仍認為那完全不干自己的事。

有時雖然關注對方，但如果是因為「對我來說，這麼做有其必要」的話，終究還是只在意自己罷了。比方說，心裡先有了「如果和這個人打好關係的話，應該會有好處」的想法，才去關注對方，那根本就只是關心自己而已。由於這種人只將他人視為工具，一旦認為對方派不上用場，應該就會斷了聯繫。

有種說法是「關注對方所關注的事」，這可說是理想的樣貌。因為如此一來，就有可能將對自己的關心暫擱一旁，只關心對方。

這種對他人的關注，就是阿德勒所說的「社會意識」。社會意識是慢慢養成的，如果一直以來的生活型態都是以自我為中心的話，是很難在一朝一夕就改變的。因此，即使心裡知道戀愛談得不順利，只要行為模式依舊，還是會因為慣常的生活型態方便好用而放棄改變。

想想能做些什麼

一旦養成以自我為中心的生活型態，就不會在意他人，一心只想著「對方可以為我做些什麼」，而且無法接受「他人並非為了滿足你的期待而活」這種觀念。

然而就如第三章所看到的，所謂的愛，是關注對方、想想能為對方做些什麼，並做些自己做得到的事；在這種情況下，「對方能為我做些什麼」根本不會是問題。如果要求「因為我替你做過這些，所以你也要同等付出」的話，那就是交易，而不是愛。在戀愛裡執著於平等互惠是件很奇怪的事。

重點在於持續

還有，關注對方不能只是暫時性的，必須持續才行。

剛開始談戀愛的人，對心上人總是朝思暮想；然而有些人一旦確定對方也愛著自己，集中在對方身上的關注就會急速冷卻。這樣的人只是想征服並擁有對方而已。換個角度來看，持續關注對方，就是維繫愛情的條件。

的確，長時間交往後，的確不會像當初剛開始時那樣關心對方。但儘管強烈熱切的程度不如以往，還是可以用持續不斷、默默關注的方式去孕育愛情。

如同前面所看到的，那種不想認為心裡有征服對方的念頭，以及用高姿態看待對方的人，因為不願承認自己的愛其實是利己的、根本不在意對方，便試圖用「我對你如此朝思暮想」來說明自己有多愛對方。

對方超乎自己的認知

不再關注對方的原因之一，是認定自己已「完全了解」對方。

前面提過，愛人必須具備「同理心」；不具同理心、只能用自己的尺度看待對方的人，是無法了解對方的。這裡所說的「尺度」，有時可解釋為「常識」。這樣的人會以「就一般常識來想，他／她的想法應該是這樣吧」來解釋對方的言行，並認為自己已確實了解。但事實上，即使套用一般的尺度，也不可能完全了解對方。

「了解」的法文是「comprendre」，有「包含」的意思；也就是在了解對方時，將對方含括在自己的理解框架中。但實際上，他人必然超出我們的理解與認知。即使關係很親近或愛著對方，也無法完全了解他。

因為孩子的問題而前來諮詢的父母，大多會說：「孩子的事，我們當爸媽的最清楚。」但每次聽到這樣的話，我都會想：如果父母真的了解孩子的話，孩子應該不會出現這些問題才對。

聽到交往對象表示「我了解你所有的一切」時，是否會覺得開心？一定會有人覺得很開心吧；可是聽到「所有的一切」時，難道不會想反駁對方「才不，怎麼可能」嗎？

不了解對方並不是問題，不知道自己不了解對方，還認定已經了解，這才是問題；明明不了解對方，或應該還有不明白的事，卻不肯正視，這才是問題。

人無法心靈相通

話說回來，以對方「難以理解」為前提去交往，比「自認為能懂」而交往更安全；也就是以「原本就不可能了解對方」的想法為起點。這並不表示完全無法理解，而是意味著我們可以慎重到這種程度。

如果自認有辦法了解對方，就會依先入為主的觀念去判斷，認為「這個人心裡想的應該和我一樣」，或「依常理判斷，他應該會這麼想」。

的確，當我們試圖了解一個人時，會以「如果是我的話，會怎麼做／怎麼想」這種自我尺度去衡量對方的言行——事實上，也只能用這種方式。但必須知道的是，自己畢竟與對方不同，很有可能完全猜錯。

我們不可能凡事心靈相通。在此前提下，具備阿德勒所說、「用他人的眼睛去看、用他人的耳朵去聽、用他人的心去感受」的「同理心」是相當重要的，而他也提出另一種說法，那就是「置身於對方的立場」。

即使交往很久，依然會不太知道對方的感覺，或是不明白對方如何解讀自己所說的話。這種時候，只能開口問。像是：「你這麼說的意思是什麼？」或是不明白對方如何解釋自己的說法時，可以問問：「剛才那麼說，你覺得如何？」

當我在課堂上如此說明後，馬上有學生表示「這樣太麻煩」。確實，說麻煩的話，還真的很麻煩沒錯。但如果疏於努力理解他人的話，就會不斷出現「自認為了解對方，事實上卻完全不是那麼一回事」，或「以為得到對方理解，但其實並沒有」的狀況，雙方關係難保在不久後變得岌岌可危。只要努力進行確認，關係必然會變好，絕對不能嫌麻煩。

當想法不同時

即使盡力了解對方想法，也可能無法接受；反過來說，對方也有可能無法理解自己的想法，或就算明白了，卻依然反對。一旦發生這種情況，便很難保持冷靜，還會變得情緒化。

阿德勒說：「結婚後，要是男性或女性其中一方想征服對方，想必將演變成

致命性結果。」（《自卑與生活》）

這種狀況應該不限於婚後吧。即使一開始並沒有打算征服對方，但在交往過程中很可能會發現，對方有著自己無論如何都難以接受的價值觀。這種時候，如果有一方，或雙方都變得情緒化、試圖要對方認同自己的想法，就會吵架。

我認為阿德勒所說「男性或女性其中一方」想征服對方的部分很有意思。因為在伴侶中，女性身為征服者的情況並不少見。

那麼，試圖征服他人的人如何征服對方、讓對方接受自己的想法呢？

首先，來思考一下想藉由憤怒去支配他人的人。

試圖以憤怒支配他人的人，認為只要以憤怒去衝撞對方，就能讓對方接受自己的想法。但事實上，如果只是為了達到這種目的，根本不必訴諸於憤怒，只要透過言語拜託對方就行了。當然，我們並不知道用語言表達後，對方是否就會接受，但就算因此使用憤怒，對方也不一定就會點頭；即使接受了，也不是心甘情願的。很可能只是因為害怕，或為了逃離那個情境而違背心意，不得不點頭。

用語言傳達自己的想法雖然麻煩，但要是為了立即見效而利用憤怒，將產生很大的副作用。

其次，來想想試圖用悲傷情緒支配他人的情況。阿德勒曾說過：

對處於悲傷的人來說，周遭人們的態度給了他一種被高捧的感覺。悲傷的人總是不斷在某些人的服侍、同情、支持，或給予什麼、主動對他說些什麼的情況下，嘗到如釋重負的滋味。於是開始藉著哭泣、悲嘆等情緒的爆發，對身邊的人展開攻擊。悲傷的人變成了檢舉人、法官、批判者，覺得自己比身邊其他人更高一等。在他們身上，明顯可以看出要求他人或哀訴懇求等這般特徵。（《理解人性》）

陷入悲傷的人一旦現身，周圍的人就會有種「不能置之不理」的感覺，或者被迫要用彷彿觸碰腫瘤般的態度小心翼翼去面對。像這樣，身邊的人好像得要「服侍」他才行似的，就這一點來說，悲傷的人藉由「悲傷」而擁有了「優越感」。

相對於憤怒的情緒會使人與人疏離，我們可以說，悲傷的情緒讓旁人無法棄之不顧，連結了人與人之間的感情。然而悲傷的人單純只是接受別人的給予，這樣的連結不過是單方面而已。不光是接受，自己也要為對方付出，真正的連結只有在這種情況下才有可能成立。

阿德勒表示，像這樣藉由哭泣或不安的訴求，試圖支配、征服對方，是用「淚水與不平打亂了和諧團結」。因為一旦發生了令自己不滿的事，他們便會想利用情緒，好讓一切能依自己的想法發展，而不是攜手合作、解決問題。

兩人之間不可能沒有問題。即使是相愛的兩個人，經過長時間交往，或婚姻生活持續一段時間後，多少都會出現一些問題，甚至導致感情破裂。不論任何事，雙方意見也不可能總是一致、完全不起爭執；如果剛認識不久的話，那就另當別論了。

重要的並非意見不要相左，而是當想法不同的時候，該如何應對？只要懂得應對，就算關係一時之間出現危機，也很容易修復，不會永遠交惡。

明確知道彼此想法不同時，不要情緒化或利用權勢去駁倒異議，而是要進行對話，有時還必須以高度的耐性互相溝通。

就算孩子出生了，父母之間當然還是會有意見不合的時候。這種時候，希望讓孩子學會的，是如何透過意見交流去協調想法上的差異；不是以蠻力制伏對方、強加自己的想法，而是希望讓孩子看到確實溝通、解決問題的一面。能做到這一點的話，孩子們想必也能在不久後學會以溝通交流的方式去解決問題。

溝通的技術

接下來，要具體想一想該如何溝通。

打個比方，假設男／女朋友或另一半表示：「我想辭掉現在的工作。」這種情況下，大概很難輕鬆愉快地回答：「你／妳高興就好。」可能的話，還是會希望對方改變主意吧。要注意的是，這時如果用了錯誤的溝通方式，將對雙方關係造成重大影響。

要不要工作，原本就是當事人自己要決定的事，而不是其他人；只是一旦辭掉工作，整個家庭便會因此受到實質上的影響。如果兩人正在交往，這件事也會為雙方的未來蒙上一層陰影。

因此，關於辭職這件事，雖然可以表達自己的意見，不過這時候的重點在於不要說出「絕對不可以辭職」這句話。要是劈頭便告訴對方不能辭職，既無法達到溝通的目的，而且被這樣一說，對方很顯然會發火。

進行溝通時，必須預先知道的重點是，「了解」對方與「贊同」對方的想法完全是兩回事。即使無法表示贊同，但至少要先了解對方的想法，或展現出試圖理解的態度。

打算做出辭職這等重大決定時，心裡或許多少還是有些猶豫。對方並不是要先斬後奏，只是想聽聽旁人的意見，甚至很可能希望有人能勸阻他一下。但要是一開始就遇上「連聽都不想聽」的情況，反而會使他的態度變得強硬。

因此，首先必須要知道，有哪些部分我們可以提出意見，哪些不行。可以表示意見的，大概只有眼前要是辭職會造成什麼困擾，或是為了不要陷入困境，必須做些什麼等等。提出關於這樣的意見後，或許就會讓他覺得辭職不切實際，決定從長計議也說不定，這些事不談談看是無法知道結果的。

說又說回來，不見得辭掉工作就一定會陷入困境，對方或許正在考慮往後的事；再說，如果他已對現在的工作感到疲憊，就算一開始持相反意見，彼此經過一番溝通後，還是很可能導向「辭職比較好」的結論。

其次是，不可觸及有關對方工作方式的話題。即使很想告訴他：「考慮辭職前，工作上再加把勁如何？」不過一旦出嘴干涉他的工作方式，就算真的被你說中——或者應該說，正因為被說中，才很可能因此覺得自己遭到批評，辭職的決心反而更堅定。

第三點，溝通意見的時候，重要的是「絕不責備對方」。首先，請盡可能傾聽並試著去了解對方的想法。如同前面所說的，了解與贊同是兩回事。當然有可能出現「雖然可以理解，但無法贊同」的情況，不過重點在於讓對方感受到有人願意傾聽、嘗試理解。只要確定「這個人絕不會中途打斷我或批評我」，對方想必更有意願侃侃而談。

如果一開始就擺出不打算了解也不想聽的態度，即使對方對辭職這件事有所遲疑、經濟上面臨的阻礙也消失了，今後雙方的關係卻可能變得不甚融洽。

人不是為了工作而活，是為了活著——更進一步來說，是為了活得幸福——而工作。就這層意義而言，辭職固然有現實面的問題，但如果對方因為做著不合心意的工作而變得不幸福，甚至因此使雙方感受不到幸福的話，就毫無意義了。

溝通不是只能進行一次，幾次都沒關係，因為人不會那麼容易就改變想法。有時就算知道自己的想法有誤，也很可能不願承認。

談過一次卻沒有結論的情況下，只要表示：「今天雖然沒有結論，不過我們還是再找機會談談吧。」留待下次再說就行。重點在於雙方能朝著「解決問題」

的方向共同努力。無論用任何方式，只要能切實擁有共同解決問題的感受，就能成為彼此人生中寶貴的經驗。

退出權力鬥爭

雙方意見相左時，會產生「我所說的沒錯」這種感覺，並試圖批判對方的想法，好讓對方承認自己才是正確的。這就是權力鬥爭。即使沒有變得情緒化，只要執著於正確性，就是權力鬥爭。

但如果彼此的意見發生衝突，對雙方來說都會是個問題，所以也只能由兩人攜手合作去解決。若是因為爭執而使關係交惡，先決條件即是修復彼此關係；關係不和睦，就無法合作解決問題。解決問題才是第一要務，而不是證明誰是誰非。執著於證明哪一方才正確，不僅與解決問題毫不相干，甚至可說是阻礙。

此外，一旦在權力鬥爭中贏得了勝利，對方就會開始復仇。由於這麼一來，事情的解決會變得更困難，因此必須在權力鬥爭的階段退出才行。

吵架是跟對方耍賴

雖然有人會說，吵得越兇感情越好，但其實沒那回事。前面曾提過阿德勒所說的「憤怒是使人疏離的情緒」，而且在吵架的時候，應該沒有人不會利用憤怒，所以只要吵架，雙方關係必然會疏遠。

想讓關係變好，完全不需要吵架。有一次在電車裡，我聽見一對高中情侶的對話。

「剛開始交往的時候，妳明明溫柔又懂事，現在我根本是被妳踩在腳底下。」

「人家就是任性嘛。不過我知道自己任性，所以沒關係啦。」

有關係還是沒關係，應該由男方來決定吧？即使她知道自己任性，卻沒有注意到那會破壞兩人的關係，所以並不打算改變態度。當然，我不認為像剛交往那樣隱藏本性是對的；但話說回來，關係一拉近，態度就整個大轉變也實在令人費解。想必她隨著關係越來越親近，用字遣詞也變得越來越不客氣，甚至提出一些無理的要求、鬧彆扭耍脾氣吧。

不過很遺憾的，我必須要說，沒有人能保證男方能容忍那樣的態度。也許一開始覺得女友的小任性似乎很可愛，回應她的時候也感到很開心。但一段時間後，如果女友認為自己這樣的任性理所當然的話，總有一天會讓人厭煩。這樣一來，兩人就會開始吵架；說不定還會在吵架時動粗。即使沒有動手，向對方發脾氣時所說的話，本身就是暴力。

的確，也許不管怎麼吵，只要懂得重修舊好的方法，就能當場修復彼此的關係。然而那樣的方法並不能保證永遠有效。

那種吵架後感情升溫，或是越吵越甜蜜的說法，不過是天真的幻想罷了。要知道，繼續再這樣耍賴下去，這段關係很可能總有一天會真的畫下句點。

想想為何生氣

儘管還不到吵架的地步，但只要在日常生活中發了脾氣，那樣的怒氣就會使自己與對方的關係惡化疏遠。

「我常常不知不覺一把火就上來，和對方的關係變得不太好。該怎麼做才能不發脾氣？」我曾經接過這樣的諮商個案。面對這樣的人，我會跟他說明，其實怒火並非在不知不覺間升起，而是因為有某種目的，才製造出憤怒的情緒。只要明白那個目的是什麼，就知道其實不用發脾氣。

如同前面所提到的，憤怒的人，會在希望對方做些什麼事的時候——也就是為了驅動對方而發脾氣；換句話說，要對方去做些什麼，才是憤怒的目的，並將憤怒當成手段或工具來運用。因為他認為，只要發怒，對方就會乖乖聽話。不過即使藉由憤怒使對方順從，對方也絕非心甘情願樂意接受。

如果因對方的言行而受傷、生氣，只要表明：「你剛剛那樣說傷害到我了。」沒有必要為了傳達這些事，將憤怒的情緒夾雜其中。

無法坦率的時候

曾有一個覺得自己無法坦率的人來找我商量事情。

「因為這樣常常跟人家吵起來。該怎麼做才能變得坦率一點?」

事實上，會說這種話的人，與其說無法坦率，不如說是決心不這麼做。至於他為何做出那樣的決定，是因為會有落敗的感覺。

很明顯是自己不對，卻無法坦然道歉，是因為他覺得，只要道了歉，就是失敗認輸。

如同前面所說的，不可能有那種關係好到可以吵架的地步。吵架的當下，愛就已經消失。關係的孕育需要時間，但破壞卻在一瞬之間。

即使如此，倒也不是吵過一次架就再也無法修復。不過在事情變得無法收拾前，只要有必要，就必須坦率地表達歉意。

吵架的雙方，或許是因為不知道除了吵架之外，還有其他方式可以確認彼此關係的連結。舉例來說，兒子五歲那年的某一天，我曾為了某件事對妻子大聲嚷嚷。當時站在一旁的兒子對我說：

「發那麼大的脾氣，爸爸你覺得媽媽以後還會喜歡你嗎?要是不喜歡你了怎麼辦?」

爭吵在這裡就結束了。因為兩個人光是能夠在一起，就已經值得感謝；要是平常難得相聚的話，更需要珍惜，應該不必特地挑這種時候吵架吧。

沉默不語，難以傳達心意

有人會利用情緒將自己的想法強行加諸他人身上；另一方面，也有人害怕發生爭執，即使心裡有話，也不願說出口。明明想法不同，其中一方或雙方卻都沒有明確說出自己的主張；表面上看起來關係很融洽沒錯，只不過這種表面上的好關係，很有可能因為某些事而產生嫌隙。

這樣的人不願盡力與他人攜手合作解決問題，認為自己不論有什麼感覺、什麼想法，就算不說出口，對方也應該都明白。因此一旦事與願違，就會發怒。可是，人類沒有心電感應。從長遠看來，這些不主動提出的部分，會使彼此關係惡化。

不論如何困惑，或不論在誰眼中看來都是顯而易見的事，只要不說出口，就無法傳達，也沒有人會伸出援手。因此，自己辦得到的事雖然不能請求他人協助，但如果是憑一己之力無法做到的，只要開口請託就行了。

話又說回來了，開口請求協助的話，或許有人會願意幫忙，不過那純屬他人的善意，而非義務，沒有道理因為得不到他人協助就為此生氣。

另外，有些人怕給人家添麻煩，所以不願開口求助。但試圖自己解決卻失敗的時候，反而會給旁人帶來更多麻煩。

以上所說的這些，套用在戀愛上也是一樣的。儘管認為彼此相愛，但想法若不說出口，就無法傳達；而在交往前，更是非得將心意化為語言不可。設法向對方傳達自己的愛慕之意時，不要想著迂迴曲折的變化球，除了直截了當的直球外，別無選擇。

什麼叫「良好的溝通」？

由於愛就像一道「河流」，為此，我們目前已說明該如何避免讓它乾涸，其中的重點即在於建立對等關係。為了建立對等關係，必須關注對方。而以此為基礎，我們也談論到雙方意見有所衝突時，該如何處理。

除了意見衝突之外，平時若與對方溝通不良，就不可能建立好關係。因為要說到何時會對一個人感覺到喜歡或愛，那便是與對方有著良好溝通的時候。並不是有了愛就能溝通，但如果無法好好對話，甚至是吵起架來的話，雙方之間的愛意瞬時便會煙消雲散。

所謂的良好溝通，並不是要很會說話的意思。重要的是，在這個人面前可以感覺像平時一樣自在。

心裡想著要展現自己好的那一面時，溝通上就會有為難之處。如果毋須刻意展現自己良好的那一面，就算是無聊的閒談，甚至是不說話都無妨。刻意挑選話題、努力讓自己表現良好的做法不會長久。

此外，大多數人都活在不斷與他人競爭而且非贏不可的想法之下。為此，若要在競爭中勝出，就意味著必須證明自己很優秀，也就是必須在人前踮起腳尖逞強，讓自己看起來很了不起。然而要是這樣的人可以覺得「我在這個人面前不必刻意逞強」，除了能活得輕鬆一點之外，應該也會喜歡那個讓自己有如此感覺的人吧。

總是維持好心情

如果跟總是心平氣和、大致上感覺愉悅的人在一起，不只輕鬆愉快，也不會覺得自己在他面前應該刻意展現好的一面。

相反的，有些人明明在外人面前總是一副心情愉快又和藹可親的樣子，面對親近的人卻老是板著臭臉。那樣的人在家門之外是友好的，回到家裡卻採取蠻橫的態度。

這是在耍賴。我認為，如果能在外人面前保持好心情，面對親密的人也應該如此才對。就像憤怒，情緒並不是自己無法控制的東西，完全是自己因應各種不同場合，決定要在何時展現好心情、何時擺臉色。會因狀況而改變態度的人，是因為他在童年時期便見過周圍的人以彷彿碰觸腫瘤般的態度，小心翼翼地應對擺臭臉的人，於是學會了「只要露出不爽的樣子，就能支配旁人」，並認為即使是現在，依然可以用心情左右他人。

與另一半在一起時會板起臉的人，不可以跟對方撒嬌。工作時如果有辦法以心平氣和的態度與往來的人接觸（當然，不這樣的話，工作很難進行），對另一半應該也可以用同樣的態度。無論如何都無法和顏悅色的話，就想著是與工作上的客戶應對，以這種態度去面對另一半就好。

反過來想，當自己的另一半擺臉色時，可以當做他／她是因為在自己面前卸下心防而放鬆的緣故。如此一來，就能以較寬容的態度看待對方的臭臉。

有自信就不會嫉妒

剛開始交往的時候，兩個人明明很開心，氣氛卻在不知不覺間慢慢變差，連吵架都成了家常便飯。之所以會這樣，其中有一個關鍵是嫉妒。前面我們探討過「嫉妒」本身有什麼問題，也知道想要不嫉妒，最直截了當的方法，就是擁有自信。不論是自己心愛的人對他人有好感，或是反之亦然，有自信的人都能絲毫不為所動。

所謂擁有自信，借用三木清的說法就是「了解自己的獨特性」。三木清還接

著說：「越是具有獨特個性的人，越不會嫉妒。」（《人生論筆記》）

我就是我，他人無從相比。

前面也提過，失戀的痛苦在於領悟到「他身邊的那個人並不是非我不可」。但若能記得，對方所愛的正是自己這種旁人無法取代的「獨特性」，不但不用嫉妒他人，只要充滿自信地與對方交往，相信對方也不會將心思轉移到他人身上。

然而那些擔心自己不知何時會失去愛的人，一旦發現對方的心思稍有偏離的跡象，就擺出強硬的態度、責備對方。只是那麼做的話，對方反而會漸行漸遠。如果不希望對方離開自己，就不可以嫉妒；為了做到這一點，必須有自信。沒自信的人，一旦對方離他而去，他便會接受那種「我果然沒人愛」的奇怪觀點。

為了擁有自信，首先要認同自己的獨特性，以接納自己為出發點。

與眼前這個人交往

即便如此，對方的關注與心思還是有可能轉向自己以外的人。

就算發生了這種事，也只能思考自己今後該怎麼辦。若想繼續這段關係，就不要費心掛慮讓對方轉移關注的那個人。總而言之，自己必須做的，就是下定決心與眼前這個人交往下去。

至於對方會不會選擇你，不是由你決定。

我們以一對仍在交往中，但男方打算離開女方、另結新歡的情侶為例。請想像一個三角形，這三個人就像三角形的頂點。在這個例子裡，和女方有關的，就只有男友與她之間的這條線；如果女方與男友移情別戀的對象有交情，那麼這兩名女性便能互有關聯。但無論如何，男友和另一名女子之間的關係，與女友並沒有交集，所以很遺憾的，現在的女友什麼也不能做。

去見那名女子，然後告訴對方：「跟他分手。」實際上應該很難這麼做吧。身為現任女友，能做的也只有不多過問男友與小三到底進展到什麼程度，並努力讓自己與男友之間的關係變好。

即使責備對方變心、威脅對方「只准看我」，但愛情是無法強迫的。縱然想藉著這種做法來證明自己才是對的，但萬一對方離你而去，可就一切成空了。

如果現在還能與對方共度一段時間的話，那些責備對方的人無疑是在白費眼前可以共度的重要時刻。在如此重要的時候怒目相視，不就像是兩人難得可以獨處，身邊卻還有旁人插一腳嗎？

如同第一章那名回顧早期回憶的男子一樣，實際上明明沒有敵人，卻想像出一個現實中不存在的敵手，並為此熊熊燃起猛烈的憤慨與嫉妒。

如果現在還能與對方在一起，就別把心思放在現實（或假想）的仇敵身上，重要的是努力與眼前這個人維持良好關係。就算你和對方相處時，並未刻意展現自己最好的那一面也不要緊，只要他覺得兩人在一起很開心，必定還是會選擇你。

如同前面所強調的，對方要不要選擇你，決定權在他而不在你，因此，自己能做的，唯有盡力珍惜雙方共度的時光。

全神貫注

無論是假想還是現實，也不管有沒有對手，想要讓雙方關係良好，就需要弗洛姆所說的「全神貫注」。

> 所謂全神貫注，就是在此時此刻，以全副心力活在當下。（《愛的藝術》）

弗洛姆還說：「毋庸贅言，最需要全神貫注的，就是這些相愛的人。」（同前書）有機會在一起，卻因為其他的人或事分心的話，便稱不上全神貫注。

這樣的專注力，獨自一人的時候也需要。

> 能全神貫注，就是可以獨處；有辦法獨處，是具備愛的能力的必須條件之一。（同前書）

無法一個人獨處、身邊的人一離開就感到不安，這是一種依賴關係，不是獨立自主的愛。應該有些人是無法獨處的吧。弗洛姆也說，這樣的人一旦落單，便會坐立難安、靜不下來、感覺焦慮。

唯有能自己過日子、獨處時也不會不安的人才能充分享受兩人共度的時光。因為即使只有自己，也能全神貫注的人，在兩人共處時才能如同一個人那般專注於「當下」。

專注於此時此刻

學生時代，我曾見過一對才進咖啡廳、便各自看著漫畫的情侶，讓我十分訝異。以現在的情況來說，就像是兩人各自用手機與其他人連絡、傳送郵件訊息。村上春樹的《村上收音機》中有這麼一段內容：

> 有一位名為阿爾瑪．科根的英國流行樂歌手。（中略）這位歌手唱過〈袖珍半導體收音機（Pocket Transistor）〉，這首歌在日本也很紅。歌詞的內容是「他之所以每晚來見我，是為了要用我的袖珍半導體收音機聽暢銷排行榜歌曲」。最後兩人結了婚，表示「就算年紀大了，也要繼續一起聽音樂喲」。

提到半導體收音機，或許很多年輕人對它毫無概念。半導體收音機問世於一般仍普遍使用固定式大型收音機的年代，是可以隨身攜帶到任何地方的袖珍型收音機。雖然她在歌中唱著「他來見我是為了聽收音機」，但他之所以來見她，當然不是為了聽收音機，而是為了兩人共度的時光。

即使是現在關係不太和睦的情侶，當初剛開始交往的時候，不論聊些什麼或就算什麼也不說，只要能在一起，應該都覺得很開心吧。

雖然現在關係沒有以前好，但如果能找回當時那種單純見面、共度一段時光的喜悅，想必有辦法攜手繼續走下去。

那麼，為了達到這樣的目的，該聊些什麼才好？

事實上聊什麼都行，不過有些話題還是避開比較好。比方說，跟現任提起前任男／女友之類的，非必要時別當成話題，這才是明智的選擇。雖然有些人喜歡把過去交往對象的事拿出來說，但如果不想聽的話，就應該清楚表明希望對方能停止這個話題。

要聊的話，不如聊聊現在的彼此吧。這部分也和前面提到的專注力有關係，因為重要的是珍惜「現在」兩人在一起的事實。我認為，難得「現在」能在一起，卻談著不屬於眼前此刻的過去，未免太可惜了；兩人在一起的時候，就連談論「今後打算……」之類的話題都嫌浪費。

關係的長期延續不是目標，而是結果。幾乎可以說，不用考慮過去種種或未來如何，只要兩人可以將「當下」活到最高點，彼此的牽絆想必也會延續下去。

兩人剛開始交往的時候，雖然因為在一起的時日還不長，沒有太多過去，但那種將以前的事一一記在心裡，打算用「當時你／妳說過……」為兩人關係加溫的方式，其實並非明智之舉。

總是執著於過去的人，一時之間或許難以信服這樣的說法，但如果能忘記過去種種——或者該說「唯有能忘記的時候」，才能專注於「此時此刻」。

當然，雖說是活在「當下」，但並不意味著任憑共同經歷的種種記憶就這樣從指尖滑落；倒不如說，若能確實專注並共度每一個「當下」的話，只要願意，兩人在這天從見面起到分開這段時間內所說過的話，應該全都能回想起來。之所以能做到這一點，是因為兩人共度的是「有生命的時間」，並伴隨著喜悅的緣故。

有時會因為生病或受傷而無法過著一般日常生活。這種時候，就算哪裡都不能去，只要可以待在一起，就會覺得開心。

當然，沒有人想生病，也沒有必要刻意生病，但這種得以體會「能在一起絕非理所當然」的經驗，想必能使彼此更融洽。

為了維繫遠距離戀愛

前面看過了兩人因為能共度「當下」而感到喜悅，並（做為一種結果）使得關係得以持續維繫。不過，另外還有一種情況，是儘管知道彼此同在一個空間並非理所當然，也因為能共度一段時間而開心，但兩人的進展卻不順利，那就是遠距離戀愛。

談著遠距離戀愛的人，不是任何時間想見都能見得到面。正因為如此，應該要為可以共度的機會感到開心才是。但出人意料的是，我曾接到許多有關於如何讓遠距離戀愛順利發展的提問。

一開始分隔兩地的時候，就算距離再遠，也會打電話、發送郵件訊息，為了維繫即使遠在天邊，也能像是近在眼前的關係而努力。實際上的確會為了見面而努力沒錯，但工作一忙起來，就沒辦法像剛開始那樣花費心力，漸漸的，見面次數也越來越少。

當然，那或許是因為有「相隔兩地也無妨」的安全感吧。可是要不了多久，其中一方或雙方就會開始為了一直見不到面而有所不滿。要是這樣，真的見到面時，比起久別重逢的喜悅，雙方會更專注於討論什麼時候才能住在一起。但現實狀況下，要下定決心同居或進入婚姻生活並不容易，尤其如果其中一方必須為此辭去工作的時候，更是備感為難。於是，兩人的心就這麼漸行漸遠。

如果解釋成「因為是遠距離戀愛，所以關係發展得不順利」，對彼此而言，反倒是有利的說法。因為，今後要是兩人不必相隔兩地，關係卻又不和睦的話，就不能再以遠距離戀愛為藉口了。

遠距離戀愛的確很難維持。他們無法像一般的情侶，想見面就見面。可是雙方關係之所以不順，事實上不是因為分隔兩地——這不過是將「遠距離」當成關係不順遂的藉口，把雙方關係發展面臨阻礙全都歸咎於遠距離戀愛而已。

不論兩人是不是遠距離，能見面的時候，就盡情享受這段時光，不要想著下次見面的事，這才是最重要的。兩人若能開心滿足地度過相聚的時光、充分燃燒愛意，就會連約定下次約會這件事都忘記。由於這樣共度當下的彼此沒有必要渴求「下一次」，所以就結果而言，反而會帶來「下一次」。

另一方面，還沒充分燃燒就結束約會的兩人，會變得一心只想彌補當天的不滿足；甚至認為，要是不先約好就分開的話，下次就再也沒機會見面了。儘管想要約好下次見面的時間，但那樣的兩人卻往往不會再有下一次。

不只是戀愛，思考兩人的關係時，今後「我們要一起往哪裡去」的目標必須一致。學生時代，就算不考慮彼此的目標，或許也不會有什麼大問題；不過一旦畢了業，要是一個說要留在當地就業，另一個說要回老家，就必須決定今後該怎麼辦。

決定這樣的事情時，兩人一時之間也很可能會出現摩擦，不過雙方若能攜手解決必須跨越的障礙，彼此就會有更緊密的連結。

抱著「初次見面」的心情

交往的時間一久，說話就會變得不客氣，開始任性起來。不過事實上，並不是交往得久，就無法保有如剛開始交往時的心意。

為了不忘初衷，絕對不能「習以為常」。無論交往多久，都請抱著「今天是第一次見到這個人」的心情來展開新的一天吧，希望大家能以這樣的態度稍稍專注於現在。也許前一天對方剛好說了讓人覺得很煩的話，但那並不表示眼前的他今天也會說出一樣討厭的話。就是這樣的想法，以「彷彿面對初次見面的人」的心情開始度過這一天。

人類經常改變。眼前這個人，不可能和昨天那個人一模一樣。如果不用「這個人也許不同於昨日」的想法去面對，即使對方有所改變，你或許也不會發現吧；說不定連對方自己都沒發現呢。不過只要費點心思，還是可以注意到對方的不同。

每次和對方碰面時，只要帶著「今天是第一次見那個人」的心情，那麼雙方所共度的時間就會是有生命的時間。因為今天不是昨天的重複，明天也不會是今天的延長。

也許有人認為這種事根本做不到。但為了增進彼此的關係，付出這些努力也不為過吧。愛是流動的，不斷為愛更新的這番努力，必定也將帶來喜悅。

回到「為人父母」前

相信有人認為，兩人一旦有了孩子，要以「今天與這個人是初次見面」的想法來保有初衷是很困難的事。

有些夫妻在孩子出生後，就改口用「爸爸」或「媽媽」來稱呼對方，這是以孩子為主軸的緣故。這麼一來，就很難保有與對方初次見面的心情。

為了找回初相識時的那種情懷，首先要做的，就是別再叫對方「爸爸」或「媽媽」，而是改回孩子出生前的稱呼方式。

接著，可以將孩子託給別人代為照顧，保有一段不用帶著孩子、專屬於兩人的時間。在這段時間內，不可以聊起孩子的話題；例如別在商店裡提到「這件衣服很適合那孩子」之類的，重點就是別把孩子記掛在心上。

藉由這種做法，兩人就能回到結婚前，或剛結婚的那段時間。雖然前面也提過，婚姻是長久的生活，而不是短期的活動，但有時這種「享受活動」的心情，也能為閉塞、一成不變的婚姻生活帶來突破。

如果想要增進彼此關係，不執著於過去是很重要的。家父晚年因為失智症的緣故，連剛剛才做過、說過的事都會忘記。處於這種狀況的他，有一天對我說：「就算忘了也沒辦法。如果可以的話，我也想從頭再來。」過去雖曾與父親有過各種爭執，但他的話提醒了我：自己始終無法忘記的原因，其實是因為不想修復兩人之間的裂痕。我從父親身上學到了增進彼此關係的秘訣，也就是放下過去。

長期交往或結婚後，關係當然會改變。但是當兩人之間出現問題時，別老是將目光聚焦在那裡，只要下定決心從頭開始，就能使情況變好。

不忘驚喜

為此，必須不忘驚喜。前面也曾提到，戀愛是以「驚訝好奇」為開端。但長時間生活在一起後，這類出乎意料的驚喜也會跟著消失不見。

在一起久了，即使不一一說出口，似乎也能明白彼此心中所想。就這層意義而言，即使沒有那些令人意外的驚喜，也不見得一定是壞事。換個角度想，如果真的什麼都不用說，就能將心中的感受、想法完全傳達給對方的話，可說是完美得不得了呢。

只不過，現實中不可能有這種事，也正因為如此，確實用語言傳達、不妄加推斷他人的想法是很重要的。剛開始交往的時候，兩人都會覺得彼此有好多令自己驚訝的事，那是因為心裡知道對方與自己並不相同，而且為了想建立良好關係，一般而言，也會非常努力地了解對方。

反過來說，令人驚訝好奇的事之所以消失了，一方面是認為對方跟自己一樣，同時也是因為不再努力想了解對方並改善關係的緣故。

然而一旦失去了驚喜感，就算黏在一起，也會變得很無趣吧。有時還是想回到相識之初，那些在意對方的一舉一動、細細斟酌自己所說的話、每每為了對方與自己不同的感受與看法而驚訝的時刻。如果能做到「不忘驚喜」，不論在一起多少年，相信都能維持宛如當初的關係。

卸下面具

要找回認識當初的驚喜，彼此都必須卸下面具。面具的拉丁文是「persona」，就是英文「person（人）」的字源，意謂人人都戴著面具而活。

要卸下面具是非常需要勇氣的事。因為當我們扮演著某個角色時，該角色所受到的期待是清楚明確的；一旦卸下角色，也就是拿下面具、單純以一個個體身分去過日子的話，馬上會變得不知該如何是好。

過去曾協助我們照護父親的一位居家醫療護理師曾說過一句話，印象深刻到我現在還記得：

「訪視病患時，不論人家說話多麼刻薄，只要我身上還穿著白袍，就有辦法忍受。」

雖然是這樣沒錯，但護理師可以脫下白袍，那些並非因為工作而負責照護病患的家屬卻沒有白袍可脫。不同於工作時要戴上的面具，對象是夫妻或家人的時候，即使與對方的關係再不好，仍無法用時間來切割，好卸下面具。

因此，面對家人或戀人時，要不就卸下面具，要不一開始就不戴面具；也就是不帶著「扮演角色」的想法，而是單純以一個個體的身分去面對。

父親曾有一次對我說：「我想接受你的心理諮商。」一般來說，因為有利害關係，所以要接受家人的諮商輔導是有困難的。一旦有利害關係，即使提出適當的建言，對方都會因為是家人，而懷疑我們是否只挑對自己有利的部分說，有時候並不會接受建議。

儘管如此，我認為既然父親主動提出，倒也不見得要拒絕，於是開始常常與他聊起天來。這種時候，父親與我就會卸下面具，並能以個體的身分交談。多虧如此，讓我覺得過去兩人不太和睦的關係得以親近許多。

夫妻也是一樣。卸下了名為「夫妻」的面具後，就能看到攜手共度漫長人生、自認為早已熟悉的對方身上，有著不同的一面。如此一來，便能宛如回到相識當初，使日常生活再度充滿驚奇。

敬重如實的你

不論戀愛或婚姻，正因為關係良好，才能感受到幸福。接下來我們來看看，為了建立良好關係，具體上該怎麼做才好；而所謂的「好關係」又具備哪些條件。

首先是敬重。敬重（respect）這個字源自於拉丁語的「respicio」，有「看」的意思。

弗洛姆說，所謂的敬重就是「如實看待個人，是一種可以了解他人的存在是獨一無二的能力」。（《愛的藝術》）

因為有某個需要尊重對方的理由，才給予相應的對待，並不是敬重。愛他人不需要理由。也許有些人會認為，之所以喜歡某個人，是因為理由充足，才會喜歡上他。但就如同前面提過的，曾讓你愛上對方的理由，將來也有可能成為分手的原因。

愛上對方容貌姿色的人，必須要有心理準備：外貌必將隨著年華老去。除了年老色衰，即使還年輕，仍可能因為疾病或事故導致美貌不再。

依外在條件挑選對象的人，或許會喜歡上公認擁有高學歷、高收入的人。但敬重對方的人，心中所愛的是獨一無二的他，而不是愛上他所擁有的條件。

弗洛姆更進一步指出，所謂的敬重是「希望心愛的人不是為我，而是為他自己、以他自己的方式成長」。

只關心自己的人，應該會希望對方能依自己想要的那樣成長吧，但這是將對方視為「我想為所欲為的對象」（同前書）。即使是心中所愛的那個人，也不是為了滿足我們的期待而活。

不論是否有問題、是否有病痛，又或是否不同於我的理想，凡是打算與我認定的重要他人交往的每一天，都要下定「敬重」這個決心，且必須先由自己做起。

無條件相信

能讓雙方關係稱得上良好的第二個條件是「信任」。

只要對方有可疑之處，便無論如何都想挑剔他。不過要是用「你應該在說謊吧？」這種語句窮追猛打，反而讓對方遠離的話，可就沒指望了。

我常常對學生說，有句話絕對別讓男生說出口。那就是：

「妳難道信不過我嗎？」

男人為什麼會說出這種話，是因為只要這麼說，就能比懷疑自己的人更占上風。即使對方的懷疑子虛烏有，甚至就算被說中了，都會讓他更加展現出強硬態度。

身處人際關係中，不是只在有憑有據時才去相信，而是要無條件相信；又或者應該說，越是沒有證據足以取信，才越需要去相信。每次考前都不用功、拿不到好成績的孩子，就算嘴巴說著「下次我會努力」，父母也不會相信他。又或是屢次減肥失敗的朋友嚷嚷著「明天開始要減肥！」的時候，很可能想諷刺他：「這種話早就聽膩了。」

不過，正是在這種時候，希望各位可以對這樣的人說句：「加油。」

會說出「多虧我那麼相信你……」的那種人，事實上打從一開始就沒相信過對方。如果有這麼一個人，不論任何時候，都會毫不懷疑地去相信身邊的人，對於這樣的對象，我們無法繼續背叛他的信任。因此，如果希望擁有良好的關係，無論任何時刻，都只能選擇相信。

相信對方有解決課題的能力

說到信任，是要信任對方的什麼呢？

其中有一項，就是相信對方有解決課題的能力。不要猜測對方可能辦不到。

不論是交往中，還是已經結婚，都會有「只有對方才能解決」的問題。比方說，當對方表示「想辭職」的時候，多半會讓人震驚、難以接受。不過究竟要辭職，還是繼續原來的工作，基本上是由對方來決定，旁人無法叫他不准辭職。當然，辭職或換工作會影響兩人的生活，確實需要經過一番討論沒錯，但是必須了解一點：基本上決定要怎麼做的，還是他本人。之所以會插嘴干涉，是因為不相信對方。

相信對方有解決能力，同時也意味著當對方陷入困境時，別想著「非得為他做些什麼不可」。因為事實上，有許多事我們根本無能為力。

就像對方生病的時候，看到他與病魔搏鬥的模樣會很難過沒錯，卻不可能因此替他過他的人生。雖然什麼忙也幫不上，但必須相信對方擁有面對自己課題的勇氣。即使是不治之症，也應該充分信任對方能接受自己的命運。

視對方立意良善

另外一項，則是相信對方的言行舉止立意良善。即使自己遭受的對待根本只能解釋為惡意，如果還是想和這個人維持良好關係，就必須努力找出對方言行中哪些部分的「出發點是好的」。

無論任何人際關係，一旦認定對方可能有意陷害自己，就算表面上看起來關係不錯，也很難從他的言行中找出善意的一面。於是心裡總是懷疑：「這個人到底是敵是友？」

相反的，若能認為他人會在必要的時候協助自己，自己也覺得「如果還有什麼是我做得到的，希望能貢獻一己之力」時，就很容易找到對方言行中的善意。

阿德勒稱這些能讓你如此認為的人為「夥伴」，意思是「與自己有連結的人」；至於前面提到的「敵人」則是與它相反，意思是「對立的人」。

有些人也許會認為，要把對方當成毫無敵意的人很難。但只要能這麼相信，證據可說是要多少有多少。如此一來，當自己有辦法看見他人良善的一面時，與對方的關係就會變好。

以彼此相愛的伴侶來說，雖然不可能不將對方視為「夥伴」，但經過長時間交往或幾年婚姻生活後，也可能變得難以完全接受對方的一舉一動，對許多事情看不順眼，甚至將對方視為「敵人」。然而正因為視之為夥伴，才有辦法保持關注，並進一步做出貢獻、攜手合作。因此必須設法把對方當成「夥伴」，而不是「敵人」。

即使覺得彼此關係不是那麼和睦，只要有意識地努力去尋找，就能發現對方立意良善之處；一旦找到了，兩人的關係也會有所不同。

攜手合作獲得幸福

前面已經看過，雙方關係要能稱得上和睦，敬重並信賴對方是其中兩項必要條件。至於第三個條件，則是攜手合作。阿德勒對愛與婚姻的定義如下：

愛與婚姻，就人類的攜手合作而言，是一種本質上的東西。那樣的合作不只是為了兩人的幸福，也是為了人類的幸福。（《自卑與超越》）

值得注意的是，阿德勒在這裡用了「合作」這個說法。

這種合作必須經過有意識的訓練；而儘管稱為「合作」，卻還是有可行與不可行的區別。以親子關係為例，有些父母在孩子的知識與經驗尚未充足前，會盡心盡力照顧他們。然而即使孩子長大成人、基本上都可憑一己之力完成任務的時候，卻依然對他們自己能做與必須做的事情一一出手、插嘴干涉。

在相愛的兩人之間，也常發生類似親子關係的狀況。由於人類無法靠自己完成所有的事，不只需要接受他人協助，也要協助他人。只不過，如果連別人靠自己就能辦到的事也試圖插手，那就不是協助，而是介入。這種做法與其說是為對方著想，不如說是為了讓別人順從自己的想法、想要占上風。另一方面，這種介入他人課題的人，並不相信對方具有解決課題的能力。

結婚時，有些男性會對女方說「守護妳」或「讓妳幸福」之類的話。事實上，想要變得幸福，就必須結合雙方的力量一起努力才行，如果是具備對等觀念的情侶，想必不會有這種「由誰給誰幸福」或「從誰那裡獲得幸福」的想法。

分辨是否為合作關係

阿德勒曾在他的著作中提到，德國某個地區會為結婚前的新人舉辦以下的活動（《自卑與超越》《自卑與生活》）：

為確認訂定婚約的雙方是否已經準備好要結婚，該地區在婚禮開始前，會將新人帶到附近的空地。空地上架好了一段木頭，他們則會拿到一副有把手的雙人鋸，雙方各執一頭，在全體親友的包圍守護下，開始鋸木。

只要看兩人如何鋸木頭，就能知道彼此之間的互助合作到達什麼境界。

彼此若是缺少了互相信賴，想必會拚命往自己的方向拉吧，如此一來，根本鋸不斷木頭。另外，如果其中一人想要主導，想全部靠自己的話，所花費的時間就會加倍。為了不至於如此，雙方必須共同主導，配合對方的行動調整力道。兩人是否適合結婚，只要看看他們如何進行這項作業就會知道。

不過，由於兩人的「拉鋸」活動是在結婚當天舉行，萬一那天才發現彼此無法攜手合作，還真不知道該怎麼辦呢。

人際關係中的紛爭，就是因為帶著泥濘一腳踩進人家的課題裡，或是自己的課題被別人踩進來所引起的。話雖如此，也不是任何事都能憑一己之力去完成。自己辦不到的事，便需要向他人求助；自己能做的，則得盡力去做。

如果只是保持沉默，就無法讓別人知道自己需要什麼協助，必須明確地說出來才行。想提供他人協助也一樣，「有什麼我可以做的嗎？」只要像這樣詢問就可以了。如果不經過這樣的步驟，將會破壞彼此的關係。

戀愛與婚姻生活要面臨的問題都很不容易。尤其是婚後，除了與另一半的關係，還必須與他的父母親友互動；孩子一旦出生，育兒更是足以讓人大驚失色的重擔。

可喜的是，儘管在這種時刻，只要雙方能攜手合作、共同解決迎面而來的挑戰，就能擁有足以稱得上「良好」的關係。

讓目標一致

此外，為了擁有良好的關係，兩人的目標必須一致。即使雙方向來都是共同合作解決問題，但如果對今後如何生活的目標不一致，彼此的維繫就會產生困難，也難以處理未來將面臨的困境。

這個目標並不是非得關於未來不可，活在當下也可以是目標，甚至共同決定不要設定目標，也能成為目標。

年輕人的人生路上，有許多岔路正在等著，所以每個當下都必須決定該走哪邊；例如兩人從學校畢業後，必須決定在哪裡工作、住在哪裡等等。

想和這個人一起走下去，可是必須因此放棄夢想。拋下自己的企圖心也無所謂嗎？真的能放得下嗎？不論多愛對方，還是有些生活方式無法讓步吧？還有，如果不是眼前的這個他，是不是還有其他人適合成為我的人生伴侶……困惑與迷惘將層出不窮。

面對人生中的重大決定，今後究竟會變得如何？這樣的不安雖會給彼此的關係帶來陰影，但只要兩人的目標一致，就能共同思考應該如何朝著目標前進。

有人說，結婚的對象最好是年薪高、重視家人的人，但這其實是一種兩難的期待：年收入高的人，花在工作上的時間應該相對較長吧？而且很重視家人的人，在公司內要升遷或許也會有些難度。這不是哪一種條件比較好的問題，只要決定結婚的兩人決定好今後的人生目標就可以。

不過，並不是一旦訂定了目標，就非達成不可，因為有些目標很可能是顯然無法達成的。這時候，只要依兩人身處的環境狀況與變化進行確認、必要時加以修正就行了。

性與溝通

那麼，最後在愛的技術上，想要談談有關性的問題。

阿德勒在說出「愛與婚姻，就人類的攜手合作而言，是一種本質上的東西」這句話之前，說了下面這段話：

在愛與婚姻中攜手合作的成就，就是藉由身體上的著迷、決定交往、生育子女等所表現出來的那種對異性伴侶最親密的奉獻。（《自卑與超越》）

此處提到，在愛與婚姻中要擁有合作的成就，對伴侶的「親密奉獻」很重要。阿德勒所說的奉獻之一，也就是身體上的著迷這一點，引起我的注意。

如同第一章所說的，基本上，戀愛與工作或交友都一樣。如果有人與朋友之間的關係不太順利的話，那麼他在構築人際關係的方法上，想必有什麼地方是應該改進的；在職場上受尊敬的主管，照理說不會在家裡被孩子疏遠。我們也很難想像，其他方面的人際關係有問題，戀愛或婚姻卻很順利的情況。

不過，雖然一樣都是人際關係，但戀愛關係除了第一章所提到的距離與持續性外，在身體上的著迷這一點也和其他關係不同。

阿德勒之所以認為，身體上的著迷是戀愛與其他人際關係的區隔點，是因為他十分重視生殖，並視之為「唯一延續人類生命的方法」（同前書）。但如今男女之間，應該沒有單純只是為了生孩子而發生關係的吧。如果要問性愛的目的是什麼，直截了當地說，就是為了溝通。

而且比起其他任何場合，在這種親密的溝通中，更能清楚顯現出兩人關係的樣貌。

孤獨的人即使透過性愛，大概也無法免去孤獨吧。至於在雙方關係原本就不好的情況下，性愛並無法深化彼此的牽絆，而且也不可能只在做愛的當下變好；還不如說，反而凸顯出關係不佳的一面。

如果雙方平時就沒有建立良好關係，在性方面也不會獲得滿足。這麼說的意思是，「性」不只是狹義的「性行為」。舉例來說（依各人情況而有所不同），結束一天的工作，丈夫說著「我回來囉」走進家門，妻子則回應「你回來啦」。

這個時候，親密行為就其實已經開始。這樣的溝通並不是因為做為床笫之事的鋪陳而有意義，我們可以說，它本身就算是性行為。

這麼看來，為了避免孤獨而追求性愛的人，並不是把性當成溝通方式。他們並沒有考慮到溝通時絕對需要的合作、敬重與信任，只不過是利用對方來滿足自己的欲望，這種關係也想必不會長久。

太宰治寫過一部名為〈滿願〉的短篇小說，內容大概是這樣的：

主角「我」每天早上散步的途中，都會順路到診所裡看看報紙。不知不覺間，一一記住了那些在診所進出的人。

其中有位女子，每天早上都會替生病的丈夫到診所拿藥。長相清秀的她，常常與醫師在診間有說有笑。有時，在臨走之際，會聽見特地送她到門口的醫師囑咐她：「再忍耐一下下就行了。」三年前，她的丈夫因罹患肺結核在家養病，由於太太盡心盡力看護，漸漸有了起色。但醫師狠下心來，「語重心長」地提出告誡（指禁欲）。

春天過去，夏天來了。有一天，當「我」從報紙裡抬起頭來，圍牆的那一頭，可以看見不遠處的鄉間小路上，一把白色的傘轉呀轉地，漸行漸遠。

仔細一看，近在眼前的那條小路上，一個穿著樸實整潔的身影像是要翩翩飛起似的快步走著，還咕嚕嚕地轉著那把白色陽傘。

是那名女子。才想著是怎麼一回事，醫師娘在「我」耳邊小聲地說：

「今天早上，解禁了。」

這就是〈滿願〉。讀了太宰治的這部短篇後，我心想：如果丈夫也像她一樣，引頸期盼這一天到來的話，這還真是完美的一對呀！

對於關係原本就已經很好的雙方來說，性愛想必不是非要不可的東西。雖說性行為是溝通的一種方式，但就算不仰賴它，伴侶之間還是可以如膠似漆。而在〈滿願〉中，則因為醫師解除了「禁令」，讓兩人終於能真正建立良好關係。

如果再也感受不到性魅力

「學了阿德勒心理學，跟誰都能結婚呢。」有一名大學生如此說道。只要下定決心與某人建立良好關係，並學會方法的話，的確可以締造幾乎想和對方結婚般的美妙聯繫；不過，還不至於到跟誰都能結婚的地步，這一點相信大多數人都認同吧。

那麼，說到婚姻與其他人際關係有哪裡不同，就在於身體上是否受對方的魅力吸引。阿德勒表示，為了在身體方面能受到吸引，條件是彼此要互相感興趣；反過來說，如果沒有感受到對方的性吸引力，就是對那個人不感興趣。

阿德勒說：

有些人認為，雖然有時依然在意對方，但身體上卻不再被吸引。這並不是真的，有時嘴巴是會說謊的；或者說，心裡並沒有真正理解，但身體的功能總是述說著真理。如果在功能上有所缺陷，這樣的兩人之間就不會達成真正的一致。對彼此失去興趣。（《自卑與超越》）

這部分是他關於陽痿與性冷感的說明。阿德勒由情感會以顫抖、發紅、發青，還有心跳加速等方式展現在身體上這一點，認為心靈與身體是一致的。心臟、胃、排泄器官、生殖器官等等，各種器官會用自己最擅長的語言，在人類企圖往哪裡前進時予以支援，打算後退時也協助撤退。阿德勒以「臟器語言」來說明這件事。

生殖器官所使用的語言就是性冷感和陽痿。顯現出這些症狀的人，往往是藉由症狀來抗拒性行為。他們心裡想著「不能毫無理由拒絕別人」，因此認為只要有什麼症狀，對方就會死心。然後儘管是出於「有正當理由而拒絕的話，對方就不會受傷」的考量，但事實上對方是否因此而能接受或不至於受傷，那就不得而知了。

有人會說，因為在對方身上感受不到性魅力，所以不再喜歡他。事實上，這種情況不過是為了將「我對你不感興趣」正當化，才用「感受不到性吸引力」當藉口。

兩人一旦在性方面出現狀況，就表示其中一方對伴侶已失去興趣，雙方也就不再是友好、合作的對等關係。如果兩人關係對等的話，就能迴避這樣的困難。如同前面所看到的，性行為也是一種溝通，當一般日常生活不和諧的時候，不可能只有性生活是美滿的。

這種說法聽起來或許是極端的論調，不過雖然將性行為視做溝通，事實上最重要的還是言語上的互動。可以說，身體上的接觸不過是為了讓彼此感覺親密的輔助手段。

因為疾病或年紀大了等因素，會漸漸無法進行狹義的性行為。然而即使在這種時候，只要不失去體貼對方的心、仍感覺彼此很親近的話，雙方想要緊密結合，就不必只靠身體接觸了。

若能擁有這種心情，便同樣可視為身體上受到對方的吸引。

分手的時候

一本有關戀愛的書籍是否應該納入「分手」這部分，讓我有些拿不定主意。不過一生只談一次戀愛的人大概很少，就當成為了迎接下一次戀愛，想想該如何克服分手這一關應該也可以，否則很有可能會再犯下同樣的錯誤。而且分手這件事會帶來重大的打擊，要是分手的方式錯誤，恐怕會讓人下定決心再也不要談戀愛。

有個英文字「taper」，意思是細小的蠟燭。當成動詞的話，則是「往前端逐漸變得尖細」或「漸漸減少」。

服用藥物時，有時會因為種類不同，即使病情已經好轉，也不能貿然停藥，因為可能在停藥的當下產生強烈副作用。像這種情況，就必須用taper的方式逐步減少藥量或服用次數，直到完全停用。

失戀或分手的時候也一樣。如果無法善用taper，想必很難重新振作。

曾有一對夫妻，覺得再也無法繼續跟對方一起過日子、打算分手而前來諮商。即使在那種情況下，我還是會請他們再努力一次，試著修復關係。阿德勒說，接受過個體心理學訓練的諮商師，不會說出「應該離婚」這種話。

如果不是非得立刻下定決心分手的話，兩人暫時不要碰面（完全不連絡）或許也不錯。雖然吵了架，也決定再也不要看到對方的臉，但發郵件或打電話的過程中，或許會想見彼此；然而再度碰面時，又因為同樣的事情起爭執。如果長時間完全不連絡的話，彼此反倒會意外覺得心平氣和也說不定。有時就是需要採用完全不見面也不接觸的方式。

例如，兩個月內完全不連絡。兩個月後，如果還是很想見面、想說說話，就努力再建立關係也可以。

我曾經對前來諮詢有關教養問題的父母說：「你不是『惡質』的父母，而是『笨拙』的父母。」他們只是不知該如何建立親子關係，那麼從現在開始學會那個方法就可以了。

至於兩人的關係也可說是一樣的。只要學會在本書中所提到的方法並付諸實行，關係必然會變好。就算最後還是覺得無法跟這個人在一起，最後分手了，不過在那之前為了再次建立雙方關係所做的一切努力，都還是有價值的。

目前為止，所談到的是如何再建立關係，接下來說說關於「tapering（逐次減量）」的方法。

最重要的是，分手的時候不要情緒化。我們無法明確說出理由，解釋為何無法再跟這個人一起走下去；就像喜歡上一個人毫無理由一樣，討厭對方也沒有理由。不是對方變了，而是那個人過去讓你欣賞的性格，不知從何時開始，變得令你難以忍受。

說到為什麼會變成這樣，那是因為下定決心要跟對方分手的緣故。分手時之所以會變得情緒化，是為了支持分手的決心；為了支持這個決心，所以討厭他、恨他，或跟他吵架。但這些行動根本毫無必要。想分手的時候，單純地說要分手就可以了。

正如同當我們聽到別人說了不中聽的話而感到生氣時，不必刻意誇張地發出很的大聲響或用力關門之類的，只要用語言表達出「你剛才的說法讓我很生氣」就行了。

只要再一點點時間，傷疤就會結痂掉落，硬是刻意去摳除它的話，反而會冒出血來，傷口也只會更深。應該沒必要故意那麼做吧。

關於離婚這件事，我們也來思考一下。

我曾見過一對男女，看他們說話的樣子貌似親密。問了一下熟知這兩人的朋友，據說他們最近才剛離婚。雖然已不再以夫妻的身分共同生活了，但還是可以當朋友繼續來往。

雙方並不是輕易地做出結論。在決定離婚前，相信彼此已經談過無數次了吧。儘管如此，確實仍有些狀況讓他們難以在一個屋簷下生活；不過也沒有因此而像前面所看到的那樣，仰賴憤怒或憎恨的情緒。雖然很多人認為，必須以那些情緒來支持自己分手的決心，其實平靜無波地分手也不是不可能的。

離婚時，特別要考慮的是孩子的問題。離婚是夫妻的課題，即使孩子不希望父母離婚，也沒有必要以孩子的想法為優先。只不過因為父母離婚後，居住地和姓氏等變化會給孩子帶來一些困擾，因此還是必須和孩子討論一下比較好。

此外，對孩子而言，即使離了婚，父母還是父母，所以絕不可對孩子灌輸「你那個爸爸／媽媽很糟糕」之類的想法。

因離婚而變成單親家庭時，也有些事情要注意。

父母的想法不見得任何時候都會一致，也不需要總是一致。重要的是，如何在這種情況下互相合作並調整想法；而孩子也會在見到如何協調想法上的差異後，學會以溝通討論來解決事情的方法。只是離婚後，由於無法再親眼見到這種場景，因此非決定某些事情不可的時候，必須盡力與孩子溝通討論。

為何要愛人？

即使有了戀慕的人，或是與喜歡的人生活在一起，但如果只是喜歡他、愛他，彼此的關係很快就會面臨瓶頸。因此，目前為止，我們已具體思考了許多該從哪裡著手、如何開始、怎樣行動才好，以及想法不一致的時候該怎麼辦等問題。

或許有些人認為，只要說明那些技術性的部分就可以了。但關於愛人究竟是怎麼回事，如果沒有確實且認真地思考，技術就會淪為操控人心的危險工具。

我在第三章開頭寫著，戀愛中並沒有「為什麼」。然而最近我在想，若說愛一個人確實有其理由的話，那是因為人總有一天會死去。

當死亡是絕對的孤獨時，始於生命中的這份孤獨便是死亡的預兆。（《在巴比倫的河邊》）

這是哲學家森有正所說的一段話。

人遲早都會死，這是一定的，而且還是自己一個人死去。所謂「死亡是絕對的孤獨」就是這個意思。森有正表示，這樣的孤獨起源於生命。

這件事，其實只要改變一下看法就可以了；也就是活著的時候若不感覺孤單，死亡時那種絕對的孤獨就有可能會消失。因此，為了克服孤獨和死亡，我們要愛人。

要注意的是，這樣的孤獨並不是相對的，而是絕對的。因此即使看起來跟某人在一起，或是與他人建立表面的良好關係之類的，還是無法從這種絕對的孤獨中逃離。但只要能認定人與人之間原本就有連結，那麼就算曾與心愛的人關係生變，或吵架分手，死亡也有可能不至於成為絕對的孤獨。

透過愛，我們要學習些什麼？那就是人無法自己一個人活著，必須活在與他人的連結之中。一旦明白這一點，相愛的兩人將開始度過的，便不再是「我」的人生，而是「我們」的人生。

開始過著這樣的人生後，就算對方不在了，相信依然能感受到與對方的羈絆，不覺孤獨；即便死亡將兩人分開也一樣。

因此，現在如果你心裡有著愛慕的人，請不要因為想到未來而覺得不安，只要為了建立良好關係日復一日地努力就行了；因為那樣的努力，將化為生之喜悅。

結語

愛，是為了喜悅

為了待產而回到娘家的女兒，有一天說了這麼一句話：

「結了婚，盡都是些好事。」

一般在「結了婚……」或「即使結婚也……」的後面會接上類似「沒好事」這樣的否定式說法，但女兒這句推翻一般用法的「盡都是些好事」，強烈傳達出她對結婚所感受到的喜悅。

不論是結了婚或現在打算結婚的人，想必都很難像這樣篤定吧？

如果有人年紀輕輕便結了婚，身邊的人就會說：「以後說不定會遇見更好的對象，這麼早結婚好嗎？」

我認為，大多時候，這也許是對於跳入愛情或婚姻的人所表現出的驚訝與嫉妒。說不定是因為自己難以企及，於是才對全心投入愛情關係的人心生羨慕。

由於戀愛與婚姻不同於工作或交友，關係上較為親近，一旦有了疙瘩就很難修復，還會因為一點點小事而吵架，甚至連待在同一個空間都感覺不舒服。這種時候，對方會變成帶有「對立者」涵義的「仇敵」。只要認定是仇敵，就不會想努力改善關係，情況便漸漸惡化。

因此，在面對戀愛或婚姻這種愛的課題時，有些人躊躇不前——以阿德勒的說法，就是「想要原地踏步」——可一點都不奇怪。這樣的動作意謂著「想讓時間停止下來」；當然，時間是不會停止的。

相反的，就算認為對方是所謂「有所連結」的「夥伴」，但如果只是這樣的話，仍稱不上與對方確實產生連結。不是只要邂逅、相識了，就能一切順遂；光是確認彼此都有好感也不夠，真正需要的，是努力增進彼此無時無刻不在變化的關係。這樣的努力就如同書中所述，是為了讓雙方關係良好的努力，也可說是為了喜悅而努力。

本書雖然具體論及有關如何增進關係的內容，卻未集中於技術方面的論究。其中一個理由就如同第四章最後所寫的，因為技術不免會成為操控人心的危險工具。

也因為如此，本書所探討的是「愛的技術」，而非「被愛的技術」。想被愛的人，會希望藉由配合別人、改變自己，以得到對方的愛；而且不只改變自己，還想改變對方。但要改變對方是不可能的，能變的只有自己，也只能以此為出發點。

另一個理由是，就算有類似數學應用題那樣、記住什麼時候該怎麼做之類的答案，但一樣米養百樣人，每個人對同一件事的反應不見得必然相同，一旦出現意想不到的狀況，立刻就會遇上阻礙。

為了避免這種情況，拿數學來類比的話，就是必須學習相當於公式的原理原則。而我，之所以無法寫一本完全不探討所謂「『愛人』是怎麼回事」的戀愛書籍，也是因為如此。

若是不擅長閱讀理論性內容的讀者，我想從第四章開始讀起也無妨；至於第三章的「『愛人』是怎麼回事？」也請務必試著讀讀看。

各位閱讀這本「幸福的愛情故事」至此，若著實能對「結了婚，盡都是些好事」有所共鳴，那就再好不過了。

擔任此書編輯的大沼樂先生，曾數次前來書齋，每回總要與我來上一場長時間的討論；而大沼先生在熟讀書稿後所丟出的疑問，雖然讓彼此在論究釋疑上都費了一番不小的工夫，但也多虧這樣，完成了一本好書。非常感謝！

Eurasian Publishing Group 圓神出版事業機構 用心與你對話．網野無限寬廣　究竟出版社 Athena Press

www.booklife.com.tw　reader@mail.eurasian.com.tw

哲學 037

爲愛徬徨的勇氣——阿德勒的幸福方法論

愛とためらいの哲学

作　　者／岸見一郎
譯　　者／葉小燕
發 行 人／簡志忠
出 版 者／究竟出版社股份有限公司
地　　址／台北市南京東路四段50號6樓之1
電　　話／（02）2579-6600・2579-8800・2570-3939
傳　　真／（02）2579-0338・2577-3220・2570-3636
總 編 輯／陳秋月
副總編輯／賴良珠
責任編輯／林雅萩
校　　對／林雅萩・蔡緯蓉
美術編輯／金益健
行銷企畫／陳禹伶・詹怡慧
印務統籌／劉鳳剛・高榮祥
監　　印／高榮祥
排　　版／莊寶鈴
經 銷 商／叩應股份有限公司
郵撥帳號／18707239
法律顧問／圓神出版事業機構法律顧問　蕭雄淋律師
印　　刷／祥峰印刷廠
2018年10月　初版
2024年9月　29刷

定價300元　ISBN 978-986-137-260-0　

擁有愛、喜悅與眞理的經驗並非發生於時間之中，而是在當下。
當下即是永恆。也就是沒有時間性。
愛的體驗也是「實現」。
換句話說，沒有所謂的開始與結束，愛的任何階段都是完滿的。

——岸見一郎，《爲愛徬徨的勇氣》

國家圖書館出版品預行編目資料

為愛徬徨的勇氣：阿德勒的幸福方法論／岸見一郎 著，葉小燕譯
-- 初版 -- 臺北市：究竟，2018.10
240 面；14.8×20.8公分 --（哲學：37）
譯自：愛とためらいの哲学
ISBN 978-986-137-260-0（平裝）
1. 戀愛　2. 兩性關係　3. 人際關係
194.7　107014031